Klaus Modick

ERSTE LIEBEN & ANDERE PEINLICHKEITEN

Oldenburger Geschichten

Edition Nordwest
Band 2

W0332675

Nordwest Zeitung NWZ

Edition Nordwest · Band 2
herausgegeben von der Nordwest-Zeitung

Umschlag: Klaus Beilstein
(Das Schloßgartentor an der Gartenstraße in Oldenburg)

Die Deutsche Bibliothek - CIP-Einheitsaufnahme

Modick, Klaus:
Erste Lieben & andere Peinlichkeiten : Oldenburger Geschichten /
Klaus Modick. - Oldenburg : Isensee, 1997
(Edition Nordwest ; Bd. 2)
ISBN 3-89598-438-8

© 1997 Isensee Verlag, Haarenstraße 20, 26122 Oldenburg - Alle Rechte vorbehalten
Gedruckt bei Isensee in Oldenburg

INHALT

ERSTE LIEBEN & ANDERE PEINLICHKEITEN

„Ich schaute durch ein Gewirr knospender Zweige
und rief ihr zu, daß es, bei Gott, Frühling sei.
Sie zuckte die Achseln ...“

Harold Brodkey:
Erste Liebe und andere Sorgen

Honig, Milch & Vaters Kragen

Als Neugeborener soll mein Verhalten einige Tage lang so konfus bis apathisch gewesen sein, daß die Ärzte im Pius-Hospital eine schwere, geistige Behinderung befürchteten. Die Geräusche, die ich von mir gab, die Reaktionen, die man mir entlockte, waren ebenso ungewöhnlich wie unerklärlich. Sie ähnelten, wie irgendjemand beiläufig bemerkt haben soll, denen eines Betrunkenen, und dieser dichterische Vergleich muß dann schließlich der richtigen Diagnose das Stichwort geliefert haben: Beim Versuch, die Unersättlichkeit des Säuglings zu stillen, hatte sich meine Mutter im Wochenbett eine Brustentzündung zugezogen, die mit alkoholgetränkten Umschlägen behandelt wurde - die Ausdünstungen sog ich mit der Muttermilch ein.

Erinnerungen an den tatsächlichen Erfahrungsraum dieses Zustands, die immer noch irgendwo in mir lebendig sein müssen, sind natürlich nie in mein Bewußtsein getreten. Wie alles, was die Turbulenzen unserer Anfänge betrifft, beruht mein „Wissen“ über diesen frühen Exzeß auf anekdotischen Erzählungen derjenigen, die dabei gewesen sind. Daß sinnliche Erfahrung, wo sie am ursprünglichsten ist (wenn auch in meinem Fall ursprünglich toxisch), nur durchs Erzählen fremder Wahrnehmung vorstellbar wird, ist für die paradiesische, mutter-symbiotische Bewußtlosigkeit des Säuglingsalters sozusagen der Preis. Er wird in lebenslangen Raten abgestottert.

Übrigens liegt es mir fern, hier (oder anderswo) psychoanalytischen Theorien zu folgen, weil sie häufig dazu verführen, Entwicklungen der eigenen Persönlichkeit durchs Fehlverhalten anderer zu erklären, die eigene Ohnmacht mit der Macht der Umstände zu entschuldigen, denen wir entspringen, und überhaupt dazu neigen, uns weniger Freud als vielmehr Leid des Daseins in Bewußtsein und Erinnerung zu rücken und somit unsere Gegenwart zu trüben. Der analytische Blick erkennt sogleich: Ich „verdränge", indem ich Erinnertes aufschreibe; denn „Dichten" ist immer die verdichtete Wiedergabe von Erinnerung. Die Erinnerung aber ist selbst etwas Dichtendes, künstlerisch Zusammenfassendes und Auswählendes, und „verdrängt" damit alles, was von dieser Konzentration und Selektion nicht erfaßt wird.

Daß die Lippen und Nippel meiner Mutter mich nicht nur nährten, sondern liebkosten und damit Sehnsucht nach den Mündern und Brüsten der Mädchen auslösten, bedarf jedenfalls keiner Theorie. Schon das Hohelied der Bibel, das, merkwürdig oder bezeichnend genug, in meiner katholischen Erziehung weder zu Hause noch im Religionsunterricht je erwähnt wurde, kam zu dem Schluß: „Von deinen Lippen, Braut, tropft Honig; Milch und Honig ist unter deiner Zunge." Der Begrüßungstrunk auf dieser Welt bestand für mich jedoch aus jenem Cocktailmix aus Milch und Verbandsalkokol; zum Alkoholiker hat mich diese rauschhafte Ouverture kommender Genüsse nicht gemacht, aber ein paar gemeinsam als „Kontaktspray“ genossene Drinks haben oft dazu beigetragen, daß ich später mit Mädchen und Frauen manche ebenso tiefgehend eindringlichen wie rauschhaften Erfahrungen teilen durfte.

Einstweilen wurde mir die Mutterbrust entzogen, und Ersatz in Form eines Nuckelfetisches mußte her. Über den Verlust des Körpers, der mich geborgen, geboren und genährt hatte, tröstete mich keine ungewaschene Schmusedecke und auch kein plüschiges Steif-Tier hinweg, sondern der von mir so genannte Nangnang: Der Kragen eines Oberhemds meines Vaters. Zwischen Daumen und Zeigefinger der linken Hand rieb ich die glatte, weiche und zugleich feste Kragenspitze, während ich mir den Daumen der rechten Hand in den Mund schob und daran saugte und nuckelte.

Übrigens *mußte* es der Kragen eines *Herren*-Hemds sein, worin sich, besagte Theorie einmal beim Wort genommen, womöglich der homosexuelle Anteil der angeblich frühkindlichen Bisexualität ausdrückte und zugleich restlos befriedigt wurde; vielleicht war dieser Fetisch deshalb, in einem frühreifen Schub sprachlicher Genauigkeit, auch *der* und nicht *die* oder *das* Nangnang.

Wie aber kommt es, daß ich mich sowohl an das Wort als auch an den Umgang mit dem Nangnang unmittelbar, ohne Erzählhilfe der damals Erwachsenen, deutlich erinnern kann? Gibt es vielleicht eine Brücke, deren Pfeiler aus Reizen und deren Geländer aus Impulsen besteht, eine Brücke, die sich von der Lust am Nangnang zur Lust spannt, Frauenbrüste nicht sowohl nackt, sondern auch in der Verhüllung durch einen BH zu berühren? Das Glatte, Weiche und zugleich Feste des delikaten Stoffs zu spüren, in dem sich verbirgt, was gelutscht und genuckelt sein will, nicht anders, als damals der Daumen im Mund?

Amsel & Drossel

Meine erste Ehefrau trug keinen BH, selbst auf unserer Hochzeitsfeier nicht, doch niemand unter den zahlreichen Gästen empfand das als frivol oder skandalös, nicht einmal unsere Mütter. Selbst das sehr kurze, strahlend weiße Brautkleid, dessen Saum eine Handbreit über dem Knie endete, erregte keinerlei Anstoß. Dazu trug sie - welche Mixtur aus naiver Züchtigkeit und Raffinesse! - weiße Kniestrümpfe. Über ihrem zurückgesteckten Haar war der Schleier mit einem Blumenkranz befestigt. Zwei Brautjungfern trugen die Schleppe. Ihr linker Arm lag locker eingehakt unter meinem rechten. Ich selbst trug zum klassischen Zylinder eine modische Trachtenjacke, die mir an den Ärmeln zu lang war, und eine äußerst weit geschnittene Cordhose.

An das Zustandekommen dieser ebenso frühen wie kurzfristigen Ehe kann ich mich nur schemenhaft erinnern, und gäbe es nicht das Hochzeitsfoto, das leicht verstaubt, angegilbt und unsentimental schwarz-weiß in meinem Arbeitszimmer an der Wand hängt, wüßte ich wahrscheinlich gar nicht mehr, wie wir uns fanden, verbanden und bald wieder aus Augen und Sinn verloren - ganz davon zu schweigen, wie wir gekleidet waren an jenem festlichen Nachmittag.

Meine Braut war fünf, ich selbst knapp sechs Jahre alt, und der Kindergarten feierte sein jährliches Sommerfest. Wir hatten das Lied von der Vogelhochzeit als Singspiel eingeübt und führten es nun auf der von Büschen gesäumten Wiese den Eltern, Verwandten und anderen Besuchern vor. „Ein Vogel wollte Hochzeit machen in dem grünen Wa-halde, fidirallala, fidirallala, fidirallalala-la. Die Drossel war der Bräutigam, die Amsel war die Bra-ha-aut, fidirallala ..."

Als ich einige Tage vor dem großen Ereignis meine

Braut mit nach Hause gebracht hatte, um sie meinen Eltern vorzustellen, erkundigte meine Mutter sich nach ihrem Namen. Gabi, sagte sie. Oh, sagte meine Mutter, das ist aber ein hübscher Name. Und wie heißt du weiter? Ele, sagte sie, und so habe ich Drossel noch lange geglaubt, daß die Amsel Gabriele mit Vornamen Gabi und mit Nachnamen Ele hieß.

Der Kindergarten lag nur ein paar Schritte von unserem Haus entfernt in der Haareneschstraße, und kurz nach meinem vierten Geburtstag war ich auf eigene Faust dort hinmarschiert, um mich anzumelden. Zu der Zeit war ich in meiner Sprachentwicklung noch weit zurück, vielleicht eine Spätfolge meiner Alkoholexzesse im Säuglingsalter. Meine Großmutter behauptete streng: Der lernt's Sprechen nie. Und auch die Diakonissinnen in ihren grauweißen, stets perfekt gebügelten Trachten und brettharten Hauben, die den Kindergarten führten, wurden aus meinem unartikulierten Gelalle nicht klug, so daß eine der Schwestern mich nach Hause begleitete, um sich von meiner Mutter dolmetschen zu lassen, daß ich dem Kindergarten beizutreten wünschte, was dann auch geschah.

Dort müssen sich meine Sprachschwierigkeiten gründlich verloren haben, denn eine Bemerkung Schwester Hertas, der Leiterin des Kindergartens, wird bis auf den heutigen Tag von meiner Mutter kolportiert, wenn sie mir wieder einmal versichern will, daß schon allgemein früh erkannt worden sei, daß meine Zukunft dereinst auf dem weiten Feld der Sprache liegen werde: Der wird mal Volksredner, soll Schwester Herta nämlich behauptet haben, womit sie, zum Glück, Unrecht behielt.

Daß allerdings Gabi Ele mir zugetan war, kann, eingedenk unseres zarten Alters, an sexuellen Bedürfnissen ihrerseits und sexueller Ausstrahlung meinerseits (oder umgekehrt und/oder beiderseits) wohl kaum gelegen haben; aber vielleicht hat jene offenbare Eloquenz, die meine Großmutter mir abgesprochen, Schwester Herta jedoch entdeckt hatte, sie mir gewogen gemacht. Mir sind jedenfalls auch in späteren Jahren manche Frauen nicht meines Gesichts wegen untergekommen, sondern weil ihnen mein Reden, noch später: mein Schreiben, gefiel. Es gehört freilich schon zu den Alterserscheinungen, um seiner literarischen Bekanntheit willen geliebt zu werden - und damit eigentlich nicht mehr zum Thema.

Fidirallalala-la ...

Püppis Handstand

Mein Elternhaus trug einen grünen, im Herbst errötenden Pelz aus wildem Wein; im Winter spannte sich das entlaubte Wurzelgeflecht wie ein System aus Adern über die graue Zementhaut der Hauswände. Der schmale Vorgarten mit Rhododendren und einer Birke, der Garten hinterm Haus, der Hof hieß: Teppichstange und Wäschepfähle, vor dem Kellerfenster eine Luftschutzmauer aus Beton, ein Birnbaum, zwei Apfelbäume, ein paar Johannisbeerbüsche, ein Fahrradschuppen, alles umschlossen von einer Mauer, unter derem bröckelnden Putz mürbes Ziegelrot leuchtete. Wenn man den Spalt zwischen Luftschutzmauer und Hauswand abdeckte, mit einer alten, stockig riechenden Decke, entstand eine Höhle, eine Bude, ein Zelt, in dessen Schutz wir im schummrigen Licht einer alten Petroleumlampe als Trapper, Forschungsreisende und, gelegentlich, praktizierende Ärzte hockten.

Jenseits der Mauer die Nachbarsgärten, geheimnisvolle Reiche, auf deren Pfaden wir pirschten, Indianer in fremden, unerlaubten Jagdgründen. Im Sommer Kirschen und unreife Äpfel, empörte Besitzerrufe hinter Küchenstores und aus Hintertüren, und manchmal wütendes Hundegekläff. Im Herbst hier und da Laub- und Kartoffelfeuer, deren Rauch Kleidung, Haut und Haare beizte. In den Zäunen kannten wir jedes Schlupfloch im Maschendraht, jede lockere Latte, jede Pforte; wir wußten, wie morsche Türen zu halb verfallenen, dämmrigen Lauben zu öffnen und wieder zu schließen waren, so daß kein Erwachsenenauge die Spur unserer Anwesenheit erriet; wir kletterten über die Teerpappendächer jener Schuppen, die zwischen die Außenwände dicht aneinander stehender Nachbarhäuser gebaut waren und mit dem merkwürdigen Namen „Hornung“ bezeichnet wurden; wir schlüpften über niedrige, ausgetretene Treppen oder angelehnte Fenster in die Katakombenwelt düsterer, feucht und kalkig dünstender Keller, zu Apfelklau und Doktorspiel ...

Und selbst auf den Straßen meiner Kindheit, deren frühere Stille heute zu einem „verkehrsberuhigten“ Anwohnerparkplatz verkommen ist, durfte man in den 50er Jahren noch spielen. Wenn abends die Laternen angingen, mußten wir nach Hause kommen. Ich glaube beinah, daß es zu Anfang noch Gaslaternen waren, und in den Dämmerungen kam ein Mann die Straße entlang, der sie mit einer Stange zum Leuchten brachte. Vielleicht irre ich mich auch, weil meine Erinnerungen an diese Tage dem Schein der Straßenlaternen ähnlich sind: Eng begrenzte Lichthöfe, zwischen denen Dunkelheit herrscht wie zwischen den Sternen am Nachthimmel. Den Sternen gleichen unsere Erinnerungen auch deswegen, weil ihr Licht, wenn es uns erreicht, das Bild eines längst vergangenen Zustands ist.

Diese Erinnerungslandschaft aus Gärten, Lauben und Laternen bildete auch das Biotop, in dem gewisse Fragen gediehen, die wir Nachbarsjungen in unseren Buden oder Verstecken gelegentlich und eher beiläufig erörterten: Wie Babies in die Bäuche von Frauen gerieten? Durch Küssen möglicherweise? Und wie dann wieder heraus? Vermutlich durch den Bauchnabel? Wieso Mädchen sich beim Pinkeln hinhockten? Weil sie angeblich keinen Pimmel hatten und also durch den Hintern pinkeln mußten? Wegen des rein platonischen Charakters meiner Ehe mit Gabi Ele konnte ich wenig zur Lösung dieser Geheimnisse beitragen, und da wir noch nicht im lesefähigen Alter waren, in dem wir uns einige Jahre später mit Nachschlagewerken aus heimischen Bücherregalen zu behelfen suchten und einigermaßen verständnislos die Einträge zu Stichworten wie „Penis“ oder „Vagina“ zusammenbuchstabierten, blieben wir einstweilen auf den Augenschein angewiesen.

Eins der Nachbarsmädchen, die auf den Spitznamen Püppi hörte, erschien uns als Aufklärungsmedium besonders ergiebig, weil sie den Handstand beherrschte, wobei ihr Kleid hochrutschte und die Unterhose zum Vorschein kam, aber ausgerechnet mit Püppi durften wir nicht spielen: Die Familie galt als nicht gesellschaftsfähig bis asozial und war mit einem allgemeinen Kommunikationsbann belegt - warum, weiß ich bis heute nicht. Vielleicht, weil sie windige Beziehungen zu Jahrmarktsschaustellern und anderen unbürgerlichen Elementen unterhielt und ihr Hintergarten einer Schrotthalde glich, auf der Autokarossen und ein Wohnwagen vor sich hin rosteten, vielleicht aber eben auch nur wegen Püppis provozierenden Handständen.

Püppi, die es uns gewiß gezeigt hätte, kam also nicht in Betracht, aber auch unter den „anständigen“ Mädchen des Viertels fanden sich mutig interessierte, die bereit waren, unter Ausschluß erwachsener Öffentlichkeit und im Schein der blackenden Petroleumfunzel vor uns die Röcke zu heben und die Unterhosen nach unten zu schieben, so daß wir enttäuscht und zugleich beruhigt feststellen konnten, daß Mädchen von hinten wie wir selbst aussahen, während ihnen vorne ersichtlich alles fehlte.

Zehn Jahre später, als mich die Dauererregung der Pubertät zu schütteln und zu versteifen begann, ich es aber noch für ausgeschlossen hielt, je von einem Mädchen aus dieser Qual erlöst zu werden, pflegte die üppig entwickelte Püppi bereits Herrenbekanntschaften, die sich mit großen, chromblitzenden Limousinen um die Tabuzone dieses Hauses nicht scherten - während ich an Püppis Handstände von früher dachte und einer teils entsagungsvollen, teils ohnmächtigen Eifersucht verfiel.

Ein Fräuleinwunder

Unmittelbar nach dem Krieg war die untere Etage meines Elternhauses von der Militärverwaltung konfisziert worden, um dort britische Offiziere einzuquartieren. Als ich 1951 auf der Bildfläche erschien, wohnten die Offiziere bereits anderswo, aber unser Haus war dennoch voll. Es war mit Flüchtlingen und Ausgebombten so überfüllt wie ein Hausboot in Hongkong. In der oberen Etage drängten sich auf 100 Quadratmetern vier Mietparteien; meine Eltern, mein Bruder und ich verfügten über drei kleine Zimmer, in den drei großen Zimmern hausten noch vier weitere Personen - und alle belagerten das einzige Bad, die einzige Toilette, den einzigen Herd.

Mitte der fünfziger Jahre entzerrte sich diese Situation, als die Sonne des Wirtschaftswunders ihre ersten Strahlen auch über Oldenburg aussandte. Unter dem Wort konnte ich mir wenig vorstellen; mehr unter Wunderkerze und

Wundertüte, für 10 Pfennig am Kiosk. Und auch unter Fräuleinwunder hätte ich mir nie etwas vorstellen können, wenn es nicht Ende der 50er Jahre in Form einer Untermieterin namens Annelie höchstpersönlich bei uns Einzug gehalten hätte. Denn ohne Untervermietung, Kost und Logis 50,- Mark im Monat, ging es noch lange nicht.

Fräuleinwunder Annelie kam vom Lande, aus einem Moordorf. Ihr Vater hatte sich in der Aufbaueuphorie dieser Jahre als Bauunternehmer die sprichwörtlich goldene Nase verdient, fuhr als sichtbares Zeichen seiner Geschäftstüchtigkeit einen schneeweißen Mercedes, damals so selten wie heute ein Rolls Royce, und bestand natürlich darauf, daß seine Tochter es einmal besser haben sollte als er - rein bildungsmäßig jedenfalls. Und so besuchte Annelie also zuerst eine Mittelschule, später das Hauswirtschaftsgymnasium in Oldenburg, wohnte bei uns und fuhr nur übers Wochenende in ihr Moordorf zurück.

Dorthin durfte ich sie einige Male begleiten. Zu dem riesigen Wohnhaus gehörte eine Gastwirtschaft, die Annelies Mutter betrieb. Hier bekam ich, ohne darum betteln, ohne es mir vom kargen Taschengeld absparen zu müssen, *Bluna-* und *Sinalco*-Limonade, *Turm*-Sahnebonbons, *Haribo*-Gummibärchen, *Prickelpit* und Salmiakpastillen im Überfluß. Annelies Familie verfügte auch über ein Fernsehgerät, eine absolute Rarität jener kargen Jahre, und wenn ich abends, neben Annelie auf dem Sofa hockend, staunend in den schwarz-weißen Wirbel der Perry Como-Show starrte, verschmolzen mir Schein und Sein zu einer wunschlosen Glückseligkeit. Der Höhepunkt eines Wochenendes an diesem Zauberort war jedoch der Sonntagmorgen: Zu einer Zeit, da ich sonst auf den harten Bänken unserer Kirche die Messe über mich hätte ergehen lassen müssen, durfte ich zu Annelie ins Bett kommen und dort mit ihr frühstücken.

Frühstück im Bett! Es war unerhört. Im Bett mit der Prinzessin dieses Schlaraffenlands, dieser Traumfabrik. Und natürlich liebte ich sie und würde sie, nur sie, später heiraten wollen, obwohl mir leise und schmerzhaft bewußt gewesen sein muß, daß diese Verbindung nie würde zustande kommen können.

Sie trug Pferdeschwanz und Petticoats, nylonstarre Unterröcke, deren Funktion mir nie recht klar wurde, da sie, anders als Püppi von nebenan, keine Handstände machte, sondern sich mit Hilfe eines sogenannten Hoola Hoop-Reifens schlank hielt und mit diesen Attributen sozusagen den Übergang von der Swing- zur Rock'n Roll-Ära markierte - was mir damals aber ebenso gleichgültig wie unbekannt war. Einmal hat sie mich in die Eisdiele *Arnoldo* in der Innenstadt mitgenommen, wo sie ihre sogenannten Boy-Friends traf. Die Musik-Box stand, einem Altare gleich, im Mittelpunkt, spielte wimmernd Lieder Ted Herolds und Peter Kraus' und flackerte und flimmerte geheimnisvoll. Hier gab es Nierentischchen, Tütenlampen an den Wänden und mehretagige, wie Treppen verdrehte Blumenhocker, auf denen sich immergrüne Pflanzen ringelten. Die Wände waren mit *Deco-Fix* beklebt, und wo die Klebebahnen ungenau aneinanderstießen, fuhren abgeschnittene Gondeln gegen das Collosseum oder aus dem Ausschnitt einer feurigen Italienerin ragte eine Mandoline.

Annelies Boy-Friends hatten Entenschwanzfrisuren und fuhren nicht mehr Fahrrad mit Hilfsmotor, sondern *Kreidler Florett,* mit denen sie, vorbei an den lindgrünen Pekol-Bussen, durch die Innenstadt knatterten, die damals noch nicht zur Fußgängerzone geadelt war, und vor der Eisdiele ließen sie die Mopeds mächtig heulen.

„Halbstarke mit Knatterprotz“, lautete das Verdammungsurteil meines Religionslehrers - im Fegefeuer würde diese abgrundtief verderbte, Recht, Ordnung und Ruhe bedrohende Jugend büßen müssen.

Ich war durchaus geneigt, dem Religionslehrer recht zu geben, raubten mir diese Märchenprinzen des Rock'n Roll doch meine Prinzessin.

Frauen & Mönche

Meine Pubertät habe ich als einen von wüsten Stürmen durchschüttelten, schwülen Frühling in Erinnerung, in dem alles um mich her tief bedeutsam, aber auch höchst albern zweideutig zu werden schien. Es mußten im Schulunterricht nur Worte wie Sack oder Spalte fallen, vom Jadebusen zu schweigen, und die ganze Klasse begann zu grinsen und verklemmt zu kichern. Das heißt, die ganze Klasse mit einer Ausnahme. Die Ausnahme war das einzige Mädchen, ich nenne sie hier Christiane, die das Pech hatte, einer Klasse anzugehören, in der sonst nur noch 25 verpickelt-pubertierende Jungs saßen. Unsere Schule war nämlich eine Jungen-Schule, zugleich aber das einzige humanistisch-altsprachliche Gymnasium Oldenburgs, so daß die wenigen Mädchen, deren Eltern darauf bestanden, daß ihre Töchter ohne Großes Latinum und Graecum dem Ernst des Lebens nicht gewachsen sein würden, in dies peinliche Chaos erwachender Manneskräfte gerieten.

Christiane ignorierte unsere hormonellen Verwirrtheiten mit Anmut, Würde und überlegenem Achselzucken, ließ sich zu einem Zeitpunkt, da wir noch ängstlich verglichen, ob uns nicht endlich Scham- und Achselhaare sprossen, aus vielbefeixter Unpäßlichkeit regelmäßig vom Sportunterricht befreien und erschien eines Tages mit deutlich erweitertem

Brustumfang zum Unterricht. Was sich bislang nur als kaum wahrnehmbare Schwellung unter ihren Pullovern und Blusen abgezeichnet hatte, war plötzlich mittels eines BHs zu einer ausdrucksstarken Büste erwachsen. Spätestens jetzt war ich ihr verfallen - aussichtslos auch diese Liebe, da man als Mann, soviel ich wußte, zirka ein Jahr älter zu sein hatte als die Frau, der man an die Brust fassen wollte oder mit der man sich, unerhörter Gedanke, sogar, nun ja, geschlechtlich zu vereinigen trachtete. Christiane war aber zwei Monate älter als ich, und nachdem ich in der 10. Klasse sitzenblieb, stand sie auch in der Klassenhierarchie über mir und entrückte vollends ins Ungreifbare.

Meine Phantasien beherrschte sie freilich noch lange, bekam jedoch schon bald auf diesem feuchten Feld Konkurrenz, führte mein Schulweg mich doch an zwei Stellen vorbei, die als Augenweide und schwellende Quellen meine Vorstellungen wässerten und zugleich verhärten ließen: Ein Schaukasten des Ziegelhof-Kinos nämlich, in dem gelegentlich Plakate und Standfotos tiefdekolletierte oder bikiniknapp bekleidete Damen zeigten, deren bewegter Anblick leider nur „Freigegeben ab 18 Jahren“ war, sowie ein Zeitungskiosk, an dessen Seite verschämt Magazine für männliche Erwachsene aushingen - ihre Titelbilder waren, gemessen an heutigen Direktheiten, geradezu züchtig, aber als Vorlagen meiner inneren Wunsch- und Traumbilder reichten sie allemal.

Mein Klassenkamerad Willy, Sohn eines Staatsanwalts, verfügte freilich über einen Fundus gedruckter Stimulantien, der Kiosk und Schaukasten weit in den Schatten stellte. In der umfangreichen Bibliothek seines Vaters war er, in zweiter Reihe hinter Gesetzkommentaren verborgen, auf den Giftschrank gestoßen: Eine Sammlung erotischer Literatur. Willy selbst delektierte sich regelmäßig an den Abenteuern der Fanny Hill oder den Bekenntnissen der Mutzenbacher, ließ sich aber nicht dazu überreden, mir eins dieser Einhand-Standardwerke zur Selbstbedienung zu überlassen. Erst als ich ihm im Gegenzug leihweise eins meiner kostbarsten Heiligtümer überließ, die Beatles-LP *A Hard Day's Night,* händigte er mir den Roman *Frauen und Mönche* aus - „aber nur bis morgen".

„Die Stellen" waren schnell gefunden, weil der Seitenschnitt an ihnen besonders dunkel abgegriffen war. Die Geschichte spielte in Rußland, handelte von Frauen, die ein besonderes Faible für geile Mönche hatten und beeindruckte mich, wenn ich mich recht entsinne, nur matt; gleichwohl fiel auch diese Lektüre unter die Sündenrubrik „Schamhaftigkeit und Keuschheit" und mußte als solche gebeichtet werden. Nach Möglichkeit absolvierte ich meine Geständnisse vor den schwerhörigen Ohren des alten Dechants, der keine Fragen zu stellen pflegte und es zur Buße mit zwei Vater Unsern oder drei Ave Marias bewenden ließ. Manchmal ließ sich jedoch der Vikar nicht vermeiden, Vertreter eines forsch jungdynamischen Katholizismus, der uns Jesus gewissermaßen als Duzfreund andiente, sich jedoch mit Allgemeinformeln wie „Ich war unkeusch" nicht abspeisen ließ, sondern bei der Erforschung dieser Vergehen investigative Hartnäckigkeit an den Tag legte.

Zur großen Erleichterung aller Unkeuschen der Gemeinde wurde der Vikar eines Tages versetzt. Als ich dreißig Jahre später den Grund seines abrupten Abgangs erfuhr, fiel mir übrigens der Titel jenes Buchs wieder ein, das Willy mir einst geliehen hatte - *Frauen und Mönche:* Der Herr Vikar war nämlich Vater geworden.

Vorbei-seit-schluß & Wie-ge-schritt

Mein Vater und ich stehen vor dem Garderobenspiegel im Flur; er hinter mir, die Arme über meine Schultern gelegt, und seine Hände führen meine Hände, um die kuriose Verschlingung zustande zu bringen, die da vor meinem Hals entstehen soll. Und während er mich ins harmloseste Geheimnis der Männerwelt einweist, erzählt er, daß sein Vater, mein Großvater, den ich nie erlebt habe, sondern nur aus Erzählungen kenne, ihm seinerseits und seinerzeit auf diese Weise beigebracht habe, wie aus zwei schlaff hängenden Stoffenden ein fester Knoten zu binden ist. Und auch zur Tanzschule Beus in der Elisabethstraße, zu der ich mich gleich auf den Weg machen werde, ist mein Vater in den 30er Jahren schon gegangen.

Auf einer Seite des Saals saßen die Mädchen in ihren „kleinen Schwarzen" und Konfirmationskostümen, verlegen kichernd oder demonstrativ desinterresiert ihre Schuhspitzen musternd, auf der anderen Seite wir in schlecht sitzenden Anzügen, weißen Hemden und den halsabschnürend korrekt geknoteten Krawatten, die Hände schweißnaß und die Blicke unstet über die Auswahl junger Mädchenblüte flackernd. Meine Herren, rief munter der schneidig-elegante Tanzlehrer, bitte fordern Sie auf! Wir glitschten stolpernd übers glatte Parkett und schnitten uns gegenseitig die Wege ab, um ja nicht die kleine Pummelige oder die Dürre mit der Brille zu erwischen, sondern die schlanke Blonde, von der behauptet wurde, daß sie sich schon öfter habe küssen lassen, aber als ich sie fast erreicht hatte, verbeugte sich bereits einer meiner Nebenbuhler vor ihr, so daß mir nichts anderes übrig blieb, als der drahtigen Dunklen mein „Darf ich bitten?" anzutragen, was sie mit einem schüchternen Lächeln aus grünen Augen huldvoll annahm.

Ausgangsposition bitte, erklang das Kommando des Maestros, und, dajammdamdamm, dajammdamdamm, jawohl, und fließend bitte und links, rechts, vorbei-seit-schluß und Wie-ge-schritt! Meine linke Hand in ihrer rechten, ihre linke auf meinem rechten Oberarm, meine rechte Hand auf ihrem Rücken, wo ich die Wärme ihrer Haut durch den glatten Synthetikstoff des Kleides spürte. Beim Wie-ge-schritt berührten sich unsere Schenkel, dajammdamdamm, mein Unterkörper stieß gegen ihren Bauch, meine Dame zuckte nicht zurück, mir fiel eine Stelle aus *Frauen und Mönche* ein, und gleich noch einmal, meine Herrschaften, und flie-ßend: Wie-ge-schritt, die Damen graziler bitte, die Herren nicht so steif, dajammdamdamm und Wie-ge-schritt! Ihr kleiner Busen drückte gegen mein Zwerchfell.

So zog ich hüftsteif mit wechselnden Damen meine Kreise, tanzte Tango mit Doris, Walzer mit Renate, Foxtrott mit Sabine und Chachacha mit Gisela. Und Gisela, vielleicht war's auch Doris oder Sabine, begleitete ich nach den Tanzstunden zwei- oder dreimal händchenhaltend zur heimischen Haustür, mußte mich aber stets ungeküßt und unbefriedigt wieder trollen. Den Abtanzball im Ballsaal der Weser-Ems-Halle absolvierte ich mit Isabelle; schöner Name, sie selbst auch sehr hübsch, aber hölzern und so unterkühlt, daß sie mir sogar den trockenen Wangenkuß verweigerte, den ich ihr aufhauchen wollte, als wir in der Walzerwertung den dritten Platz belegten. Solche Gesellschaftstänze waren, kein Zweifel, wie Krawatten und Anzüge eine ziemlich unsinnliche und antiquierte Sache - *die* Sache, das *Eine,* war etwas ganz anderes, zeitlos zeitgemäß sozusagen, bis auf Weiteres aber nur ein heißer Wunsch, dessen Erfüllung trotz üppiger Phantasie- und Lendenleistung einstweilen ein Ding der Unvorstellbarkeit blieb.

Das Eine

Nicht in Wiege-, sondern in Schiebeschritten kam ich dennoch dem ersehnten Verlust der Unschuld näher. Wenn im *Montparnasse* in der Baumgartenstraße, auf Parties in Kellern oder Tanzabenden im Jugendheim „Haus der offenen Tür“ an der Gartenstraße, der Discjockey statt *My Generation* oder *Satisfaction* langsamere Takte anschlug, *Michelle, As Tears Go By* oder gar das unweigerlich hosenspannende *Je t'aime, moi non plus,* das Licht gedimmt wurde, die sogenannte Schwoofrunde begann und die Schöne, um die ich eben noch mit wildem Gliederzucken geworben hatte, dann in meinen Armen auf der Tanzfläche blieb, begann ein Pressen und Schieben, Drücken und Tasten, das, je nach Gegenseitigkeitsgrad, in zaghafte Küsse mündete, um auf durchgesessenen Sofas, im frühlingsmilden Schloßgarten oder Cäcilienpark oder in zugigen, dunklen Hauseingängen in Knutscherei und Fummelei zu enden. Man hatte übrigens keine Freundinnen beziehungsweise Freunde, von Beziehungen zu schweigen, sondern man „ging zusammen“, um nach einigen Tagen, manchmal auch Wochen, nicht mehr zusammen zu gehen; Verhältnisse, die Monatsfrist oder mehr erreichten, galten als „in festen Händen“ - Abwerbung sinnlos.

Mit Uschi war ich gegangen und mit Dagmar, mit Annette und mit Birgit, mit Hilke und mit Hilde; geschwooft, gefummelt und geknutscht hatte ich mit so vielen, daß ich mich schon damals nicht mehr an die Namen hätte erinnern können. Aber ES war immer noch nicht passiert. Ich war jetzt fast 18, kam mir erwachsener als alle Erwachsenen vor und hegte die Befürchtung, der letzte männliche Bewohner Oldenburgs dieses Alters zu sein, dem immer noch als unsichtbarer und dennoch lastender Schatten das Manko der

Unschuld anhing. Meine Freunde protzten mit saftigen Anekdoten über die Freuden vollständigen Eindringens in die Mannbarkeit, oder sie hielten sich mit vielsagendem Schweigen und stillem Lächeln bedeckt. Die Anti-Baby-Pille war in aller Munde - außer in den Mündern der Mädchen, mit denen ich ging, denen ich als Lockmittel sogar schmachtende Liebesgedichte schrieb und die mich auch durchaus nicht nur zu lyrischen Ergüssen brachten; doch all diese manuellen und mündlichen Manipulationen konnten bestenfalls Vorahnungen der Offenbarung sein, die da doch endlich kommen mußte.

Sie kam an einem Samstag im Herbst. Meine Eltern waren übers Wochenende verreist, ich war allein zu Haus und ging selbstverständlich abends ins *Montparnasse.* Sie saß am Tresen vor der Tanzfläche. Ich kannte sie flüchtig, weil sie eine Freundin Hilkes war, mit der ich eine Zeit lang gegangen war. Wir unterhielten uns miteinander. Ich weiß nicht mehr, über was. Sie hatte sehr große, blaue Augen, ein herbes Gesicht, lange, blonde Haare. Sie war fast zwei Jahre älter als ich. Wir tanzten nicht miteinander. Ich weiß nicht mehr, warum nicht. Wir tranken Cola. Auch an die Musik, die an diesem Abend gespielt wurde und die mir sonst als Gedächtnishilfe stets zu Diensten ist, habe ich keine Erinnerung. Wir verließen das *Montparnasse* früh, gegen 22 Uhr. Das weiß ich merkwürdigerweise noch genau - vielleicht weil ich ahnte, daß meine Stunde geschlagen hatte. Wir hielten uns nicht an den Händen. Wir gingen wortlos durch die dunklen Straßen. Wir setzten uns nicht auf eine Bank im Park. Wir küßten uns nicht.

In meinem Zimmer zieht sie sich schweigend aus. Ihr sehr schlanker Körper weiß im Licht der Straßenlaterne, das durchs Fenster bricht. Das dunkle Dreieck ihres Schoßes. Sie sieht mich fragend an. Ich weiß nicht, was ich tun soll.

Willst du Musik hören? frage ich. Sie schüttelt ernst den Kopf und legt einen Finger auf meine Lippen. Sie öffnet den Knopf meiner Jeans. Sie zieht den Reißverschluß auf. Sie legt sich bäuchlings auf mein Bett. Sie drückt ihr Gesicht ins Kissen. Ich liege neben ihr. Auf ihr. Unter ihr. Sie hilft mir beim Überschreiten der Schwelle. Es ist warm und fest, feucht und weich. Ich spüre ihren Bewegungen nach. Sie gibt keinen Laut von sich. Es dauert nicht lange. Sie stöhnt ganz leise. Gut, flüsterte sie, das ist gut. Ja, sage ich, ja ja ja. Es geht viel zu schnell. Schließlich küssen wir uns. Wir ahnen nicht, in wie großer Gesellschaft wir uns in der Zweisamkeit befinden, in der wir uns miteinander allein glauben. Viele sind mit uns, von denen ich noch nichts weiß - meine zukünftigen Geliebten; ein oder zwei, von denen nur sie weiß, der oder die, mit denen sie schon geschlafen hat, und manche, von denen sie noch nichts weiß - ihre zukünftigen Liebhaber. Der Morgen faßt bleich ins Zimmer. Sie steht auf. Sie zieht sich an. Sie sagt: Danke. Sie geht.

Am nächsten Morgen im Sportunterricht das Gefühl, man müsse es mir ansehen. Meine Haut, mein Körper schienen zu rufen: Seht her, ich habe es endlich geschafft.

Ich habe dann noch einige Male mit ihr geschlafen. Aber wir sind nie „zusammen gegangen".

Während ich diesen Text schreibe, ist da plötzlich der Wunsch, sie heute, dreißig Jahre danach, einmal wiederzusehen. Ich wüßte gern, warum sie „danke" gesagt hat.

EIN WEISSES ALBUM

But it never really mattered
I will always feel the same

Annika ist neunzehn. Sie hat gerade zu studieren begonnen und arbeitet gelegentlich in der Nachbarschaft als Babysitter, um etwas Geld zu verdienen. Viel bringt der Job nicht ein, ist aber angenehm, denn meistens schlafen die Kinder, und Annika verbringt dann die Abende lesend oder vor dem Fernseher, bis die Eltern nach Hause kommen. Wenn sie zu Familie Domcik geht, um auf Till und Marie aufzupassen, bringt sie sich manchmal Cassetten mit, weil Domciks eine umfangreiche Schallplattensammlung haben, an deren Rand seit einiger Zeit eine CD-Sammlung wächst. Oft überspielt sie auf ihre Cassetten solche Schallplatten, die entstanden sind, als Annika noch gar nicht geboren war, Aufnahmen der Beatles oder Doors oder Rolling Stones oder Kinks oder Van Morrisons und so weiter. Ihr gefällt diese Musik genau so gut wie den Domciks, die um die Vierzig sind und Annikas Eltern sein könnten.

Als Mia und Lukas Domcik an diesem frostigen Winterabend aus dem Kino zurückkamen und Annika wie verabredet 45,- Mark geben wollten, lehnte sie das Geld ab. Ihr war nämlich ein Mißgeschick passiert. Aus dem Kinderzimmer hatte sie ein lautes Plumpsen gehört, Till hatte zu weinen begonnen, und Annika war sofort hingegangen, hatte aber in der Eile die Schallplatte, die sie gerade in der Hand hielt, ohne nachzudenken auf die Heizung gelegt. Till war aus dem Bett gefallen. Annika hatte ihn wieder hineingelegt und so lange auf der Bettkante sitzend gewartet, bis das Kind eingeschlafen war. Als sie schließlich ins Wohnzimmer zurückkam, hatte sich die auf der Heizung liegende Schallplatte durch die Hitze derart deformiert, daß sie nun wie Wellblech aussah und nicht mehr abspielbar war - die zweite Platte des *Weißen Albums* der Beatles. Das sei ihr furchtbar peinlich, sagte Annika, und die Domciks sollten das Geld behalten, um sich die Platte neu zu kaufen.

Mia Domcik tröstete Annika, und auch Lukas meinte, es gebe Schlimmeres im Leben, und das Geld solle sie ruhig annehmen. Außerdem sei es gar nicht möglich, die Platte neu zu kaufen, weil es das *Weiße Album* gewiß nur noch als CD gebe, worauf Annika meinte, das sei ja umso besser. Besser und schlechter zugleich, sagte Domcik, denn erstens sei es keine Schallplatte mehr, sondern eine CD, und zweitens nicht mehr diese eine, besondere Schallplatte, sein persönliches *Weißes Album* sozusagen - was Annika nicht verstand.

Sie solle, sagte er, sich ein Fenster vorstellen, vor dem ein Fliegengitter montiert sei; wenn man ganz dicht an das Fenster herangehe und durch das Gitter schaue, sehe man durch jedes der Löcher eine Vielzahl von Farben. Die digitale CD-Technik bedeute aber, daß man sich für eine einzige Farbe pro Loch entscheiden müsse. Und das sei dann alles, was man sehe: die jeweils dominierende Farbe. Wenn man das *Weiße Album* als CD auflege, höre man sicherlich „klarer" und „mehr" als auf der Platte, aber zugleich höre man in Wahrheit viel weniger, nämlich nur Oberfläche. Man höre nicht mehr wirklich hinein in die Musik. Ein Himmel bestehe aus Wolken, Vögeln, vielfältigen Schattierungen aus Blau und Grau und Weiß. Ein CD-Himmel bestehe nur aus einem künstlich isolierten Blau.

Annika, die Domciks Erklärung reichlich spitzfindig fand, fragte, warum er dann überhaupt CDs kaufe?

Gezwungenermaßen, sagte er, denn die meisten Neuerscheinungen gebe es heute gar nicht mehr auf Schallplatten.

Sie habe aber auch nicht verstanden, sagte Annika, warum ihm dies eine Exemplar so wichtig sei; Schallplatten seien doch identisch, austauschbar, oder wolle er etwa behaupten, daß er zwischen seinem *Weißen Album* und einem anderen Exemplar Unterschiede heraushören könne?

Hören nicht, sagte er, eher, wie solle er sich da ausdrücken? fühlen vielleicht? Es habe etwas mit der Situation zu tun, in der er vor etwa fünfundzwanzig Jahren die Platte gekauft habe, mit seiner Erinnerung an die Atmosphäre jener Jahre. Seine Geschichte sei eben auch die Geschichte der Musik, die ihn begleitet habe. Und das *Weiße Album*, das sei eine ganz besondere Geschichte ...

Was denn für eine Geschichte? fragte Annika, und Mia Domcik sagte zu ihrem Mann: Erzähl doch mal.

Lukas ging zum Plattenspieler, betrachtete kopfschüttelnd die Wellen im hitzelädierten Vinyl und legte die erste, unversehrte Platte des *Weißen Albums* auf. Das muß 1968 gewesen sein, sagte er, oder 69. Ich weiß gar nicht mehr genau, wann das *Weiße Album* erschienen ist.

Der Tonarm senkte sich auf die Platte, leises Knistern und Rauschen, das sich im Geräusch eines Düsenflugzeugs auflöste, *Flew in from Miami Beach BOAC, didn't get to sleep last night ...*

Die Daten sind aber auch nicht so wichtig; wichtig ist die Stimmung, das Gefühl dieser Jahre, das von der Musik der Beatles und anderer Rock- und Popgruppen so durchtränkt ist wie damals das Löschpapier in meinen Schulheften mit Tinte. Meine allererste Langspielplatte war *A Hard Day's Night*, Beatles, klar. Ich hatte sie mir zu meinem dreizehnten Geburtstag gewünscht und bekam sie tatsächlich von meinen Eltern geschenkt.

Das war durchaus nicht selbstverständlich, weil meine Eltern für diese Musik nur ein verständnislos-mitleidiges Kopfschütteln übrig hatten. Und dann erst die Haare dieser Typen! Vorn in die Stirn gekämmt, und hinten berührten sie fast den Hemdkragen. Im Muff der frühen 60er Jahre galt ihr adrettes Aussehen als skandalös und ungepflegt. Und ungepflegt und zügellos, aufsässig und provokativ wirkte die Musik. Lehrer und Priester sahen den Untergang des Abendlands heraufdämmern. Die Russen waren als Bedrohung schlimm, die Kuba-Krise war eben erst überwunden, aber als Verführer der sauberen deutschen Jugend waren die Beatles eine Katastrophe, langhaarige Sowjets mit Elektrogitarren sozusagen.

Als dann aber ein paar Jahre später noch viel langhaarigere Gestalten mit noch viel ungehobelterer Musik Erfolg hatten, schlossen sogar manche Eltern, Lehrer und Priester ihren Frieden mit den Beatles. Den Segen dazu hatte ihnen der seriöse Leonard Bernstein gegeben, als er behauptete, die Musik der Beatles könne sich mit der Schuberts messen. Aber in den Augen meiner Generation konnte Schubert sich natürlich nicht mit den Beatles messen. Mein Englischlehrer ließ sich dazu herab, eine kostbare Schulstunde der Übersetzung der Texte des *Sergeant Pepper*-Albums zu opfern, und der sich für progressiv haltende Kaplan unserer Kirchengemeinde, der uns sonst Jesus als eine Art Kumpel für alles andienen versuchte, stellte eine seiner Predigten unter das Motto des Beatles-Songs *Got to get you into my life,* womit er natürlich Jesus meinte. Wir feixten und grinsten und hatten längst gewonnen, weil der Englischlehrer nicht ahnte, daß sich in *Lucy in the Sky with Diamonds* die Anfangsbuchstaben von LSD verbargen; und auf den Weg zum alleinseligmachenden Duz-Freund Jesus brachte uns der Kaplan mit seinem Beatles-Zitat schon gar nicht mehr, weil wir, beflügelt von dieser Musik, an uns selbst zu glauben begannen und fest davon überzeugt waren, alles anders und besser zu machen als unsere Eltern. Und wenn der Kaplan geahnt hätte, in welch produktives Tauschverhältnis ich meine Erstkommunion bald zum *Weißen Album* bringen sollte, hätte er vielleicht doch eher eine Bibelstelle zitiert.

Von meinem Onkel hatte ich zum Geburtstag einen Plattenspieler bekommen, ein tragbares Koffergerät mit aufmontierbarem Zehnplattenwechsler für Singles; den Deckel, in den der Lautsprecher eingebaut war, mußte man abnehmen, und an den hinteren Ausgängen gab es die Möglichkeit, durch Anschluß eines zweiten Lautsprechers den ebenso geheimnisvollen wie revolutionären Stereo-Effekt zu erzielen. Nach mehreren Fehlschlägen gelang es mir schließlich, den Lautsprecher eines ausgedienten Radios, das ich auf unserem Dachboden gefunden hatte, an diesen Ausgang anzuschließen. Ich legte *Beatles for Sale* auf, der Tonarm ruckte und zuckte schwerfällig auf die Anfangsrille, leichtes Knistern, und dann, tatsächlich, unglaublich, das Schlagzeug hämmerte rechts, die Gitarren schollerten links, und die Stimmen von John und Paul hingen irgendwo in der Mitte, *Do I need your love, babe, guess you know it's true ...*

So ging das ein paar Jahre, in denen meine Plattensammlung durch Weihnachts- und Geburtstagsgeschenke sowie erspartes Taschengeld bescheiden wuchs, bis ich mir von dem Geld, das ich mir mit einem Job in den Sommerferien verdient hatte, eine neue, eine richtige Stereoanlage kaufte. Zur Plattensammlung gehörte die Anlage wie das *Yeah yeah yeah* zu den Beatles. Und es war schwer auszumachen, was prestigeträchtiger war: Die neueste Scheibe der Beatles, eine Freundin mit Minirock oder zwei mal dreißig Watt. Die Plazierungen der Hitparaden interessierten mich mehr als die Regierungszeiten deutscher Kaiser, mit denen man uns in der Schule quälte, und über die personelle Besetzung der Rock- und Popgruppen wußte ich besser Bescheid als über die Struktur von Benzolringen oder die grammatischen Untiefen von Cäsars *Gallischem Krieg.* Die Hitparaden im Radio, besonders die von Radio Luxemburg und die des britischen Soldatensenders BFBS, die auf schwachen Frequenzen rauschend und knatternd aus dem Lautsprecher quollen, durften auf keinen Fall verpaßt werden. Ob die Beatles noch einmal den Angriff der Monkees, dieser Retortenband aus den USA, für die man eigentlich schon damals die CD hätte erfinden müssen, auf den ersten Platz würden abwehren können? Ob Dave Dee, Dozy, Beaky, Mick and Tich, deren Namen man auswendig zu kennen hatte wie ein paar Jahre zuvor die von Hadschi Halef Omar, mit ihrem neuen Hit nach oben kämen? Das waren Fragen und Probleme, die mich tiefer bewegten als die der Algebra oder Physik.

Und nicht nur mich: Auf dem Pausenhof des Alten Gymnasiums war die Musik Gesprächsthema Nummer Eins; oder eher Nummer Zwei, weil Nummer Eins vielleicht doch die Mädchen aus der Cäcilien- oder Liebfrauenschule waren, mit denen wir uns nach der Schule, nachmittags und am Wochenende auch abends in der Diskothek *Montparnasse* trafen. Aber die Rangfolge von Thema Nummer Eins und Zwei war ziemlich fließend, denn im *Montparnasse,* einem Keller in der Baumgartenstraße, drehte sich alles um die Musik; und auch die Mädchen drehten sich um und mit der Musik, die vorwiegend aus England kam, aus Swinging London - ein Zauberwort und der unerreichbare Ort unserer Pop-Utopie, Carnegie Street, Kinks Road, Leicester Square, Regent Street - magische Namen. Auch die Mode kam von dort, Mary Quant und Coureges, Schockfarben und hochtoupierte Haare, Hosenbeine, je nach Saison wechselnd, mit oder ohne Schlag. Die Miniröcke erreichten die Kürze breiter Gürtel, und die Idealfigur der Mädchen war die magersüchtige Anämie eines kuhäugigen Modells namens Twiggy. Der Diskjockey war König im *Montparnasse,* von allen Mädchen umschwärmt, von allen Jungs beneidet, eben weil alle Mädchen ihn umschwärmten oder vielleicht sogar noch mehr, weil er über diesen unglaublichen Schatz an Schallplatten verfügte, immer das Neueste, immer das Beste. Es war eine besondere Gunst, wenn er einmal eine Platte auflegte, die man sich gewünscht hatte; und vor seinen Plattenspielern thronte er auf erhöhtem Podest wie ein Halbgott an unserem Rockhimmel.

Wenn die Schule überstanden war und das Mittagessen zu Hause verdrückt, zum Nachtisch gab es regelmäßig die Empfehlung, endlich mal wieder zum Friseur zu gehen, ging ich in mein Zimmer, um Schularbeiten zu machen. Aber auch hier war Musik der Mittelpunkt, den um 14 Uhr gab es täglich auf NDR II eine halbe Stunde lang *Musik nach der Schule,* das Neueste, das Seltenste, und manchmal mischten sich auch schon schrillere Töne ein: Psychedelisch hieß das, Jazzrock, Progressiv - wie der Fachmann im Radio es nannte. Den Höhepunkt medialer Musikvermittlung bildete freilich der legendäre Fernseh-Beatclub von Radio Bremen, in dem meine Helden, in abenteuerliche Kostümierungen geworfen, nicht nur Klang, sondern Fleisch und Blut annahmen. Und Uschi Nerke, eine Moderatorin mit dem gebügelten Charme einer Boutiquenverkäuferin, war zweifellos die schönste Frau der Welt.

1967/68 muß das gewesen sein; unruhige Jahre, der Vietnamkrieg tobte, die Studenten revoltierten, die große Koalition leitete in Bonn die sozial-liberale Ära ein; aber für mich waren die historisch bedeutsamsten Ereignisse jener Jahre das Erscheinen von *Sergeant Pepper* und eben dem

Weißen Album. Ich werde nie vergessen, wie ich es zum ersten Mal hörte. Ich lag längst im Bett, es war spät, kurz vor Mitternacht wohl, und morgen früh mußte ich wieder zur Schule. Ich wollte gerade das Radio abstellen, als der BFBS-Sprecher verkündete, morgen werde die neue Platte der Beatles auf den Markt kommen, weltweit, und man werde in etwa einer halben Stunde das gesamte Album ohne Pause abspielen. Diese halbe Stunde verbrachte ich in so nervöser Erwartung, wahrscheinlich sogar mit leichtem Fieber, wie sonst nur als Kind die letzten, endlosen Stunden am Weihnachtsabend vor der Bescherung. Und endlich kam die Musik, einsetzend mit dem Flugzeuglärm von *Back in the USSR,* den ich erst für eine Frequenzschwäche des Senders hielt, ein Rauschen aus weiter Ferne, das mich sofort in seinen Sog zog und mitnahm auf eine nächtliche Reise durchs Wunderland der Töne und Klänge, die mir galten, mich betrafen, in denen alles ausgesprochen war, was ich nie selbst hätte formulieren können. Ja, das war meine Musik, ein Teil von mir. Sie gehörte zu meinem Leben wie Essen und Trinken, wie Atmen und Schlaf. Diese Musik war meine erste Liebe.

Ihr könnt euch denken, daß mein erster Gedanke am nächsten Morgen der Frage galt, wie ich sofort, heute noch, diese Platte kaufen könnte. Sie war als Doppelalbum teuer, 40 oder 44 Mark, mein Taschengeld für den Monat war längst verbraucht, bei meinem Bruder hatte ich schon 10 Mark Schulden gemacht, und meine Eltern um Geld zu bitten, um mir eine Schallplatte der Beatles kaufen zu können, war sinnlos; da hätte ich meinen Vater genauso gut bitten können, er möge sich die Haare so lang wie John Lennon wachsen lassen.

Ich versuchte, meinen Freund Ralph anzupumpen; der war leider so pleite wie ich selbst, aber er brachte mich auf die rettende Idee, indem er erzählte, daß er vor einiger Zeit, als er dringend Geld gebraucht hätte, silberne Serviettenringe, die im Haushalt seiner Eltern nie benutzt wurden, im Pfandhaus versetzt hätte. Seine Eltern hätten die Ringe nie vermißt, er aber hatte seitdem zwei LPs und eine neue Jeans mehr.

In unserem Haushalt gab es nichts, dessen Verlust nicht aufgefallen wäre, kein wertvolles Porzellan in vergessenen Schranktiefen, keine goldenen Löffel und auch keine silbernen Serviettenringe. Ich durchwühlte mein Zimmer nach Wertgegenständen. Briefmarkensammlung? Bücher? Fußballschuhe? Das alles würde nichts bringen, von den Sachen im Kleiderschrank zu schweigen. Vielleicht der Anzug, den ich seit der Tanzstunde nur noch einmal auf der Beerdigung meiner Großmutter getragen hatte? Krawatte, weißes Hemd, in diesen Tagen der Blue Jeans und T-Shirts war das furchtbar gewesen. Zu dem weißen Hemd hatte ich auch noch Manschettenknöpfe getragen, die mir meine Eltern zur Erstkommunion geschenkt hatten, was mich damals übrigens sehr enttäuscht hatte. Manschettenknöpfe - gab es etwas Überflüssigeres, Spießigeres, Etablierteres?

Aber Moment mal! Waren das nicht goldene Manschettenknöpfe? Doch doch, das waren sie. Echtes Gold, hatte meine Mutter gesagt, und es klang so, als sagte sie: Gute Butter. Goldene Manschettenknöpfe. Und sie gehörten mir. Ich war ja reich. Ich besaß Gold. Gold für das *Weiße Album!* Meine Mutter hielt die Manschettenknöpfe für mich in Verwahrung, und so schlich ich mich ins Schlafzimmer meiner Eltern, öffnete das Schmuckkästchen auf der Schminkkommode, und da, unter Ohrringen, Broschen und Ringen lag das kleine, braune Kästchen mit den beiden goldenen Schlüsseln zur Tür des *Weißen Albums.*

Der Mann im Pfandhaus blickte mit seiner Lupe kurz

und desinteressiert auf den Goldstempel und gab mir 150 Mark, und eine Stunde später saß ich, das Textheft in der Hand, mit dem Kopfhörer vor meiner Stereoanlage und verschwand im *Weißen Album*. Es gehörte mir und ich gehörte ihm. Nie wieder, sagte Domcik und drehte die Platte um, hat mich der Kauf von irgendetwas so befriedigt wie dieser.

Jetzt, sagte Annika, habe sie ein noch viel schlechteres Gewissen als vorher.

Ach was, sagte Domcik, morgen werde er sich die CD-Version kaufen, und, ehrlich gesagt, sei er gespannt, ob da etwas zu hören sein werde, was er zuvor nicht gehört habe.

Aber die Schattierungen, meinte Annika, das, wovon er vorhin geredet habe, das, was den Himmel auf einer Schallplatte angeblich von einem Himmel auf einer CD unterscheide, das sei nun doch dahin.

Nein, sagte er, es sei alles da. In seinem Kopf. In seiner Erinnerung. Die funktioniere nämlich analog. Falls es jedoch eines Tages möglich sein sollte, Erinnerung zu digitalisieren, was er nicht hoffe, wäre es auch mit der Musik zu Ende.

PS: Ein Live-Mitschnitt vom Frühstückstisch des Autors

Hör mal, hörte ich die Stimme meiner Frau aus den Untiefen des Feuilletons steigen, während ich im Sportteil die Bundesliga-Tabelle studierte, meine Töchter Marlene und Emily darüber verhandelten, wer die Ober- und wer die Unterseite des letzten Mohnbrötchens bekäme und irgendein Discohiphoptecnorap-Stumpfsinn aus dem Radio schollerte, die Beatles wollen gemeinsam eine Platte aufnehmen.

Ja ja, das steht alle Jahre wieder in der Zeitung, sagte ich. Ist noch Tee da?

Wer sind denn die Beatles, erkundigte sich Marlene.

Ach, sagte ich, das war früher mal so 'ne Rockgruppe, also Rock vielleicht weniger, haben halt Musik gemacht.

Sie wollen sogar wieder zusammen auftreten, informierte meine Frau.

Um Gottes Willen, nur das nicht. Marlene, reich mir doch mal bitte die Teekanne. Danke.

Die Heimniederlage des VfB war mehr als ärgerlich. Das würde nichts mehr werden mit dem Klassenerhalt. Und Werder ...

Wieso um Gottes Willen? fragte meine Frau.

Was?

Wieso sollen die Beatles denn nicht noch mal auftreten?

Das war doch ein grauenhaftes Geholze damals. Und das Kreischen der Fans. Man hat ja nichts verstanden.

Du redest so, wie meine Eltern damals geredet haben.

Ach was, ich mein das rein musikalisch. Und Lennon wäre ja sowieso nicht mehr dabei.

Wer ist denn Lennon? fragte Emily.

John Lennon, sagte meine Frau, war einer von den Beatles. Aber der ist tot.

So tot wie Oma Müller?

Genau so, sagte ich und dachte an den Tag, als ich die Nachricht im Radio gehört hatte.

War der denn auch so alt wie Oma Müller? hakte Marlene nach.

Das nicht, nein. Er ist nur ... Ach, das ist doch auch ganz egal.

Die Söhne, zitierte meine Frau weiter die dpa-Meldung, da sollen dann die beiden Söhne mitmachen. Julian und Sean.

Bloß das nicht.

Wieso denn nicht? Der Julian klingt doch fast wie sein Vater.

Fast, ja, ätzte ich und klappte den Sportteil zu. Ha ha, dieser Hänfling. Der Beckenbauer hat auch einen Sohn. Der spielt so Fußball, wie Julian Lennon singt. Dann dürfen wahrscheinlich Ringos Kinder auch mitmachen. Und McCartneys Gören spielen Triangel. Und Linda, dieser Drahtbesen, rasselt mit dem Tambourin. Hat Harrison eigentlich auch welche?

Was?

Kinder.

Weiß ich doch nicht.

Ich denk, George war deine große Liebe?

Ach ja, seufzte meine Frau, George ...

Papa, erkundigte sich Emily, wer ist denn George?

George, sagte ich, ist ein Gitarrenspieler mit Segelohren, der nicht singen kann. Damals konnte er es jedenfalls nicht. Und ich kann mir auch nicht vorstellen, daß er es bis heute gelernt hat.

Here comes the sun, sagte mein Frau, ist aber gut.

Na ja, ein blindes Huhn findet auch mal 'n Korn.

Und *While my guitar gently weeps?*

Clapton.

Wieso Clapton?

Hat er bei Clapton abgeguckt. Clapton hat's sogar gespielt auf dem Weißen Album.

Na und? Deine Stones haben doch auch alles geklaut.

Mh mh ... machte ich, dachte daran, daß Keith Richards alles von Ry Cooder geklaut hatte und sagte: In live sind die Stones aber heute noch besser, als die Beatles es je waren.

Dafür klingen die Platten auch seit dreißig Jahren gleich. Und Mick Jagger macht mit fünfundfünfzig immer noch die alte Macho-Mucke.

Aber sie lassen wenigstens ihre Kinder nicht mitmachen. Stell dir das doch mal vor, Charlie Watts' Tochter spielt Blockflöte und Keith Richards' Sohn Dudelsack.

Also ich find das richtig gut, wenn die Kinder mitmachen, sagte meine Frau. Ich glaub, Ringo geht auch mit seinen Kindern auf Tournee. Das entspricht eben der Situation, in der die Leute heute sind. Wir sind ja auch nicht jünger geworden.

In a couple of years they have built a home sweet home, dachte ich, *with a couple of kids running in the yard ...*

Find ich echt cool, daß die Kinder mitmachen dürfen, sagte Marlene.

Ja, geil, sagte Emily.

Cool? Marlene ist in der dritten Klasse. Geil? Emily in der ersten. Wo habt ihr das denn her?

Och, das sagt man heute so, sagte Emily.

Aha ...

Mama, sagte Marlene, spiel doch mal 'ne Beatles-Platte.

Meine Frau stand auf, ging zum Plattenspieler, legte eine Platte auf und setzte sich wieder an den Frühstückstisch.

Ich hör nichts, sagte Emily.

Du mußt den Schalter von AUX auf PHONO stellen, erklärte ich und schon ...

Ask a girl knister what she wanted to rausch *be*
she said knack *baby, can't you see* knaster
I wanna be spotz *famous, a star of the* knister *screen*
but you can schleif *do something in* knister *between ...*

Was ist denn AUX? forschte Marlene.

AUX ist der Eingang für CDs.

Und warum sind die Beatles nicht auf Zehdehs?

Weil das unsere alten Schallplatten sind. Damals gabs noch gar keine CDs.

... beep beep, yeah knack.

Sind das die Kinder von den Beatles? fragte Emily.

Wer?

Die da biebie-jä singen.

Nein nein, das sind die Beatles, sagte meine Frau.

Klingt aber wie Kinder, sagte Marlene. Können wir jetzt auch mal eine von unseren Cassetten auflegen? *Lustiges Bullerbü* oder *Anne Kaffeekanne* oder ... ?

Nein, sagte ich. Jetzt wollen Mama und ich die Beatles hören.

Ich find die Beatles aber doof, sagte Emily.

Total bescheuert, bestätigte Marlene apodiktisch.

Das versteht ihr noch nicht, sagte ich. Wenn ihr erst mal so alt seid wie wir, werdet ihr die Beatles mögen.

Finden Oma und Opa die denn auch gut?

Nein, natürlich nicht.

Warum nicht?

Die sind zu alt für solche Musik.

Aber du hast doch eben gesagt, daß man alt werden muß, um die Beatles zu mögen.

Ja, schon. Aber so alt auch wieder nicht.

Versteh ich nicht, sagte Emily.

Ich auch nicht, sagte Marlene.

Ruhe, sagte ich, jetzt kommt *Norwegian Wood* ...

AM PARKTOR

Das Ticken der Standuhr aus der Diele (Erbstück von Tante Dora) ist jetzt so deutlich zu hören, daß es keinen Zweifel mehr gibt. Alle müssen eingeschlafen sein. Der Vater schnarcht, die Mutter trägt Ohropax, und den Hund müßte man sowieso erst wecken, bevor man ihn zum Bellen bewegen könnte. I look at the world and I notice it's sleeping, entschlossen schlägt er die viel zu warme Steppdecke zurück, zieht den unmöglich gestreiften Pyjama aus (du erkältest dich sonst), den er von nun an nicht mehr, nie mehr tragen wird, und fährt in die mit zahlreichen Flicken veredelten Jeans (zu unserer Zeit hätte man sich für Flicken geschämt). Er streift das grüne T-Shirt über, von dem sie einmal gesagt hat, er sähe darin aus wie Paul McCartney auf dem White-Album-Foto, obwohl er doch John Lennon viel besser findet. Egal jetzt, will I wait a lonely lifetime, if you want me too I will. Dies T-Shirt hab ich angehabt, als ich dich zum ersten Mal gesehen habe, in der Weser-Ems-Halle beim AOSV-Festival, von hinten hab ich dich da stehen gesehen, I saw her standing there. Drei oder vier Reihen vor mir, und du hast deine schmalen Hüften im Rhythmus der Musik bewegt, dein Hintern in den sehr engen Jeans, über deine Schultern tanzten deine Haare, blond und lang, und die Gruppe spielte Runaway, my little runaway, run run run run runaway. Auf einmal hast du dich umgedreht. Du hast meine Blicke auf deiner Schulter gespürt, hast du später gesagt. Und du hast mich angelächelt, daß ich geschmolzen bin, like ice in the sun I melt away, und zugleich erstarrt. Would you believe in a love at first sight? Yes I'm certain that it happens all the time. Die knarrenden Parkettstücke am Fußende des Betts, Agenten der elterlichen Ohren, umschleicht er in respektvollem Abstand, respect just a little bit, und tritt ans Fenster, das angelehnt ist, stößt es lautlos auf. Seine hölzernen Flügel weisen in die Nacht, nights in white satin never reaching the end, letters I've written never meaning to send. Der Geruch eben aufgebrochener Rosen strömt ihm so mächtig entgegen, daß er fast fürchtet, die anderen müßten davon erwachen. Aber nein. Beinahe mitleidig lächelnd schüttelt er den Kopf. Erwachen können von solchem Duft nur die, die wirklich wissen, was Liebe ist. Er weiß es, weil er weiß, daß sie es weiß und weil sie wissen, daß die anderen es nicht wissen, oder so ähnlich. Er drückt die blaue Sporttasche gegen seine Brust, gegen das Kettchen mit dem Medaillon mit ihrem Bild, Ausweis, Zahnbürste, Wäsche zum Wechseln (Wäsche wechseln, nichts ist wichtiger als frische Unterwäsche, Junge), einen Pullover, falls es kühl wird. Mehr braucht er nicht für die paar Tage, die sie brauchen werden, love is all you need, it's easy. Schade, daß die Gitarre zu Haus bleiben muß, er streicht mit der Hand über ihre Rundungen, ein leises Schwingen. Über den kühlen Heizkörper klettert er aufs Fensterbrett und läßt sich fallen, ins Freie. Der dumpfe Ton des Aufpralls auf dem nachtfeuchten Rasen, den regelmäßig zu mähen seine Aufgabe ist (im Haushalt hat jeder seine Aufgabe) und den zu mähen er seit Tagen verschwitzt hat (und zum Friseur mußt du auch ganz dringend) - der dumpfe Ton des Aufpralls wie ein Paukenschlag von Ginger Baker, Do what you like, do what you like, do what you like, das übertönt noch das Pochen des Bluts in seinen Ohren, das Pochen, das jetzt da ist und das er sonst hört, wenn er nachts schlaflos auf dem Kissen liegt und an dich denkt. Du liegst jetzt auch wach und wartest, I am waiting, I am waiting, o yeah, o yeah, waiting for someone to come out of somewhere. Erste zögernde Schritte auf den Zaun zu, auf Zehenspitzen. Nach einigen

Metern wagt er in gebückter Haltung, der Haltung des Zuhauseseins, vorsichtig mit dem ganzen Fuß aufzutreten. Immer im Schatten der Büsche und Bäume, im Bogen um den verräterischen Kies des Wegs (schon wieder nicht geharkt) herum, bis das Gartentor, wie immer nur angelehnt, wie immer müde knarrend, hinter ihm ist, I feel free, I feel free, you, you're all I want to know, we'll move like the sea, I feel free. Und dann beginnt er zu laufen, cause I'm a roadrunner, baby. Frühling und Nacht mischen sich in seiner Nase, dazwischen Blütenduft und Geruch frisch gemähten Grases aus den geometrischen Vorgärten. Das riecht wie dein Parfum, nein, wie deine Achselhöhle, nein, wie dein ganzer Körper, wenn wir..., because there's something in the air. Das Geräusch seiner Tennisschuhe auf dem festen Klinker beginnt zu federn, little feet are always running away from home, do you hear that sound? Sein regelmäßiger Atem, die langstreckentrainierte Gewißheit, so immer weiter laufen zu können, bis zu dir, bis zum Bahnhof, bis nach Calais, bis hinüber nach London, Swinging London. They seek him there, they seek him there, in Regend Street an Leicaster Square, aber sie werden uns nicht finden, nicht in London. Laufen, laufen, die Luft strömt durch ihn hindurch, die Nacht ist hell, schweben, fliegen, eight miles high, signs in the streets. Den Grund nicht mehr zu berühren, die Sonne nicht zu sehn, nothing left to do but run run run, let's run, let's run! Das Haus liegt hinter mir, der Mond schwimmt ruhig durch die Schatten der Bäume, wilde Brise in meinem Gesicht, come on baby, run with me, let's run. Das Haus ist immer zu warm, Die Zimmer sind alle zu voll. Plüsch, Plunder, Stil, Dreck. Die schrecklichen roten Ledersessel (vorsicht, von Tante Dora!). Nothing left to do but run run run, ich bin auf dem Weg, auf meinem Weg, auf dem Weg zu dir. The long and winding road leads me to your door, gleich hinter der nächsten Straßenecke, über die Kreuzung noch, in der Nacht sind alle Ampeln aus, liegt es, das Tor zum Hintereingang des Schloßgartens. Zwei schwere Flügel, massives Schmiedeeisen, Iron Butterfly. Kann es einen besseren Treffpunkt geben? Kein Haus in der Nähe, aus dem man uns beobachten kann, und die nächste Straßenlaterne so weit, daß ihr Licht kaum die Gitter streift. Rhododendron quillt üppig durch die Stäbe, Äste von großen Kastanienbäumen nicken hinüber. Hier haben wir uns zum ersten Mal verabredet und getroffen. Drei Tage nach dem Rockkonzert, an dessen Ende du mir deine Telefonnummer gegeben hast. Was für ein herrlicher Schlußakkord. Es war die Telefonnummer (nein, sie ist nicht da, wer spricht denn da bitte?) deiner Eltern, klar, your mother should know. Das war im letzten September. Altweibersommer, sagte mein Vater. Du hast dein hellblaues Minikleid angehabt (trägt deine Freundin immer so leichte Fähnchen?), walking in the park. Zur Begrüßung haben wir uns schüchtern die Hände gegeben. Und dann haben wir sie den ganzen Nachmittag nicht mehr losgelassen. Sie wurden heiß und feucht und schmolzen ineinander. Das war mir etwas peinlich, aber I want to hold your hand. Auf der Bank hinterm Gärtnerhäuschen mit dem eingefallenen Dach und den moosigen Ziegeln habe ich dich geküßt, and then I kissed her, oder du mich. Oder wir uns. Deine Beine waren ganz braun. Vom Freibad, hast du gesagt. Ich hab meine Hand auf deine Knie gelegt. Beim Oberschenkel hast du meine Hand weggeschoben, aber du hast es nicht richtig ernst gemeint mit dem Wegschieben. Das hat noch Zeit, hast du geflüstert, zwischen zwei Küssen und time is on my side. Zum Abendbrot mußtest du wieder zu Hause sein. Und ich (um Punkt halb sieben wird gegessen) natürlich auch. Da steht er am Tor, erhitzt, sein Atem geht schnell, regelmäßig wie das Schlagzeug von Charlie Watts.

Die Turmuhr der Lambertikirche schlägt, langsam, bedächtig, regelmäßig wie die Standuhr zu Hause. Er zählt ihre Schläge, obwohl er weiß, daß er genau eine Stunde zu früh ist. Und du liegst wach, die ganze Nacht, so wie ich eben noch wach gelegen habe, und lauschst in die Wohnung hinaus, wartest darauf, daß im Haus deiner Eltern die Lichter ausgehen und die Geräusche verstummen. Dann wirst du den langen düsteren Flur entlangschleichen, am Schlafzimmer deiner Eltern vorbei, und die Wohnungstür wird leise hinter dir ins Schloß schnappen. Die Treppen hinunter, zwei, drei Stufen auf einmal, und um die Ecke, she's leaving home, bye bye. Er tastet nach den Bahnfahrkarten in seiner Jackentasche. Um vier Uhr zehn geht der Zug, take me to the station, and put me on a train, I've got no expectations, to pass through here again. Morgen früh werden wir schon in Belgien sein und mittags in Calais. Bis dahin bringen uns die Fahrkarten. Und von dort an brauchen wir keine Fahrkarten mehr, sondern Tickets, she's got a ticket to ride. Von Calais geht's rüber nach Dover, many rivers to cross, von Dover weiter nach London. Dort eine Nacht im Hotel, zusammen eine Nacht im Hotel, wie in Filmen, wie auf Platten, let's spend the night together, now I need you more than ever. Was wirst du tragen? Was wirst du anhaben, um es dir von mir ausziehen zu lassen? Take off your clothes let me see what it is that your hiding. Den engen türkisfarbenen Pullover, unter dem sich dein Busen abzeichnet? Ja, bitte zieh diesen Pullover an. Du hast ihn auch getragen, als wir endlich miteinander schliefen. Was für eine dummes deutsches Wort dafür. Making love, das trifft's und klingt, why don't we do it in the road? Deine große Schwester hat lange gezögert, bis sie dir die Pillen besorgt hat. Aber schließlich hat sie sie besorgt, and though she's not really ill, there's a little yellow pill, und da war die Angst weg (komm mir bloß nicht mit 'nem Kind nach Haus / laß dir bloß kein Kind anhängen). Die andere Angst war nur ganz klein, und es hat auch gar nicht weh getan, hast du gesagt, vielleicht ein kleines bißchen, und nur ein paar Tropfen hellrotes Blut auf dem Handtuch, the first cut is the deepest, baby I know. Eigentlich haben wir beide vom ersten Mal nichts gehabt, nichts gespürt, es ging viel zu schnell. Wir haben zu lange drauf warten müssen, I'm so tired, tired of waiting, tired of waiting for you, aber dann wurde es schöner mit jedem Mal, immer schöner, it's getting better all the time. Bis zu dem einem Mal, vor vier Wochen. Meine Eltern sind verreist, übers Wochenende, hast du gesagt. Und meinen Eltern hab ich erzählt, ich fahr übers Wochenende zu Walter, für die Französischarbeit pauken. Es sollte unser Wochenende werden, unser Wochenende im Bett. Unsere Sachen lagen auf dem Fußboden, alles durcheinander, dein türkisfarbener Pullover über meinen Jeans, mein T-Shirt unter deinem Slip, meine Hände auf deiner Brust, deine Zunge in meinem Mund, deine Beine um meinen Rücken, und das Nachmittagslicht, das durch die Jalousien bricht, streichelt dein Gesicht. Unser Schweiß fließt ineinander, und ich zerfließe in dir, wild thing you make everything movin, und auf einmal drehst du die Augen zur Tür, irgendein Geräusch, deine Augen starr, und alles verkrampft sich. Und ich kann grad noch sehen, wie die Klinke der wieder verschlossenen Tür leise, böse, drohend vibriert. Mein Vater, stammelst du, mein Gott! Sie müssen zurückgekommen sein. In die Klamotten gefahren, Sekunden nur, ich konnte meine Unterhose in der Eile nicht finden; am nächsten Tag hat sie euer Hund, dieser Scheißdackel, unterm Bett hervorgezerrt und deiner Mutter vor die Füße gelegt, als sie gerade in der Küche Spargel schälte. Hinterher haben wir uns kaputtgelacht, aber damals war's nur Schock und Angst und Krampf. Wir raus auf den Flur, wirre Haare, schweißbedeckt, Hemden aus den Hosen - und da stehen sie in einer Rächerreihe aufgebaut: Dein Vater, diene Mutter, der dämliche Köter kläfft mich auch noch an. Guten Tag, Stefan, sagt deine Mutter schön scheinheilig, spitz und reicht mir die Hand, Guten Tag, Frau Frings, sag ich, guten Tag, Herr... Wir haben die Heringe vergessen, sagt deine Mutter, und ich denk, leck mich am Arsch, die kommen wegen der Rollmöpse zurück. Die Heringe fürs Zelt, zischt dein Vater, sieht mich vernichtend an und brüllt: Gott sei Dank haben wir sie vergessen! Kind, ach Kind, flüstert deine Mutter, daß du uns so enttäuschst, why could she do this to me? Und ich verdrück mich, doch bevor ich aus der Tür bin wieder dein Vater: Mit deinen Eltern haben wir noch ein Wörtchen zu reden, du du... Er hat mit meinen Eltern geredet, und wie. Was für ein Affentheater, too much monkey business, mit Mädchen sich rumtreiben, aber die Schule schleifen lassen, don't know much about history, don't know much about biology, kein Wunder, daß du in Mathe 'ne Fünf hast, don't know much about a science book, Versetzung gefährdet, Vorabitur gefährdet, Französisch mit Hängen und Würgen, don't know much about the french I took, kein Wunder, wenn du mit Mädchen, also wenn du, na du weißt schon... but I do know that I love you. Aber in Englisch hab ich 'ne... Englisch, Englisch, das kommt bloß von deinen Beatles oder wie die alle heißen. Eben, eben. Was heißt hier eben, eben? Werd jetzt bloß nicht auch noch frech. Und peng! Ohrfeige. Er hat sichs tatsächlich noch getraut, kann froh sein, daß ich nicht... Father? Yes son? I want to kill you... Die kleine Frings, die schlägst du dir ganz schnell aus dem Kopf. When I woke up this morning, you were on my mind. Verführung Minderjähriger ist das. Bist selber man gerade erst achtzehn. Und sie? Wie alt ist sie überhaupt? Sweet little seventeen...

Achselzucken. Antworte gefälligst! Alt genug. und noch ‘ne Ohrfeige. Wir lieben uns aber! Liebe! Ha, das wird ja immer schöner. Mach erst mal Abitur. Liebe... Mutter, hast du das gehört? Your mother should know, aber sie zog den Kopf ein. Und von dem Tag an war’s immer die gleiche Platte: Hey, you’ve got to hide your love away. Here I stand head in hand turn my face to the wall, die Stirn gegen das kühle Rosenornament des Schloßgartentors gedrückt. Mit beiden Fäusten umklammert er stilisierte Ranken, angerostetes Eisen, hundert Jahre alt oder älter, hart, bröckelnd. Schwerer Fliederduft schlägt über ihm zusammen, herangetragen von der Dunkelheit, blackbird’s singing in the dead of night. Ein Schlag von der Turmuhr, eine halbe Stunde ist um, I’m gonna wait at the midnight hour. Jetzt müßten auch bei dir alle schlafen. Du schlägst vielleicht grad die Decke weg und ziehst dich an. Das Grün des Parks ist heut nacht versunken wie unter einer weichen Decke aus Schwarz. Grün, ja. Von London dann nach Gretna Green. Rolf Hollmann sagt, es geht ruckzuck. Gültiger Personalausweis reicht. Wartefrist höchsten drei Tage. Pensionen gibt’s jede Menge am Ort, die haben sich drauf eingestellt. Und ein paar Tage in ‘ner Pension ist auch nicht schlecht; von mir aus kann’s acht Tage dauern, eight days a week is not enough to show I care. Von überallher kommen die jungen Paare, viele Deutsche, noch mehr Franzosen und Italiener, sie kommen wie wir, verliebt, und sie gehen verheiratet. Und sind sicher. Die deutschen Behörden müssen die Heirat anerkennen, das ist ja der Trick. Sagt Rolf Hollmann wenigstens, hat er irgendwo gelesen. Stimmt das eigentlich? Wieso müssen die das anerkennen? Wird schon stimmen. Verheiratet ist verheiratet. In a couple of years they have built a home sweet home, with a couple of kids running in the yard, na, so weit ist es aber noch nicht. Das hat Zeit. Wir haben ja die Pille. Wovon werden wir dann eigentlich leben, außer von der Liebe? Abitur ist geschenkt, klar, aber irgendeinen Scheißjob, bloß um die Miete zu zahlen? Fabrik womöglich? Oder Verkaufsfahrer für Sprudel? Well he gets up in the morning and he goes to work at nine, and he comes back at home at five thirty, jeden Tag das gleiche? Wir haben ja noch nicht einmal eine Wohnung, für die ich die Miete verdienen könnte. Ob sich so was von selbst findet? Vielleicht mußt du auch was arbeiten. Verkäuferin? Schrecklich, außer im Plattenladen. Nein, nein, kommt nicht in Frage. Ich mach das Geld. Jeden Tag das gleiche, takes the same train every time. Walter meint, auch die Liebe wird mal weniger. Kann ich mir nicht vorstellen, nicht die mit dir. Oder wär das doch möglich? Dies Gefühl, das manchmal auftaucht wie graue, einsame Wolken im Sommerhimmel, you've lost that loving feeling. Verheiratet ist verheiratet. Da gibt's auch keine Flirts mehr. Überhaupt nicht mehr? Nicht mal mehr mit Anne aus der Parallelklasse? Neulich im Montparnasse, du durftest nicht kommen, Mathearbeit oder so was, hab ich mit Anne rumgeknutscht. Schon, ja, ich hätt's dir sagen sollen. War nicht so wild. Ich sag's dir auch noch, wenn du gleich kommst. Oder morgen, oder in London im Hotel. Es war irgendwie schön, das mit Anne. Nein, natürlich nicht so schön wie mit dir. Irgendwie aber anders. Kann ich gar nicht beschreiben. Ist doch auch egal. Ja, natürlich lieb ich nur dich. Nein, das ist nichts mit Anne. Ist das wirklich nichts? Ja, gut, sie gefällt mir. Jeden Tag das gleiche also, his world is built on punctuality it never fails. Ich jobbe und du - ja, was machst du eigentlich den ganzen Tag? Sitzt zu Hause, wartest, daß ich komme und schälst Spargel? Nein, das kann es doch nicht sein, will you still need me, will still feed me, when I'm sixty-four? Tja, weiß ich nicht so recht. Kann man auch jetzt doch noch gar nicht sagen. Verheiratet ist verheiratet, klar. Man kann sich notfalls ja wieder scheiden lassen, oder? Jobben, Kinder in ein paar Jahren, du mit Lockenwicklern und ich ohne Abitur. Und also auch ohne Architekturstudium. Scheiße. Und jede Menge Krach, Stunk, Streit mit den Eltern, mit deinen, mit meinen. Die geben uns keinen Pfennig und kein Stück Möbel. Ob Papa mich enterbt? Wahrscheinlich. Das könnte meinem Bruder so passen, da wartet der nur drauf. Kommt nicht in Frage, nein. Und wenn wir mal die Miete nicht zahlen können, was dann? Muß ich dann meine Gitarre verkaufen? Oder auch noch meine Schallplattensammlung? Um Gottes willen! Second hand shop, das ist das Letzte. Das kannst du nicht von mir verlangen. Das ist das Ende, this is the end, my only friend the end, of our elaborated plans, the end, nein, nein, nein, so geht das nicht. Wir müssen noch mal über alles nachdenken, über alles reden. Vielleicht hat das Standesamt in Gretna Green auch grad Ruhetag, wenn wir ankommen? Seine Hände ziehen an der schweren Kette des Vorhängeschlosses, mit dem das Tor zum Schloßgarten nachts gesichert ist. Er zieht, er rüttelt, nichts bewegt sich. Die Flügel stehen schwer und schwarz in der Nacht. Kein Fußbreit, kein Zentimeter. In wenigen Minuten mußt du um die Ecke kommen. Wie soll ich dir bloß alles erklären, try to see it my way, do I have to keep on talking till I can't go on? Du mußt mir das nicht übelnehmen, jeder kann sich ändern, this old wind of change is blowing. Es geht nicht, noch nicht, heute nacht geht es jedenfalls überhaupt nicht, we can work it out, we can work it out. Langsam löst er sich vom Tor, als ob seine Hände Magneten wären, langsam, schwerfällig. Er trottet nach Haus. Once there was a way to get back homeward, über den Dächern lichtet sich die Nacht, ein roter Schein, und im Hellerwerden verliert die Frühlingsnacht ihren Duft. Das Pflaster der Gehwege hart, die Straßenlaternen grell, und als er das Haus seiner Eltern vor sich sieht, beginnen die ersten Vögel zu schrein, blackbird's singing in the dead of night, take this broken wing and learn to fly. All your life, you were only waiting for this moment to be free, aber er kommt zurück, durch den Keller wie ein Dieb, durch die Küche wie ein Hund, über die knarrenden Parkettstücke vor seinem Bett, es ist egal. Niemand hört ihn kommen. Die Standuhr auf dem Flur tickt leise. Auf seinem Bett liegt die Morgensonne und spreizt sich. In zwei Stunden Schule, Mathematik, Französisch, Michelle, ma belle, sont les mots qui vont très bien ensemble, très bien ensemble, oder wie oder was? Das Klappern des Geschirrs aus dem Eßzimmer. Seine Mutter richtet das Frühstück an. Es schmeckt ihm nicht. Du siehst müde aus, übernächtigt. Hast du so lange für die Mathearbeit gepaukt? Er nickt. Na bitte, sein Vater hinter der Zeitung, du packst das doch. Er packt seine Tasche. Die Schulstunden, sonst zäh wie ausgekaute Wrigleys, fliegen an ihm vorbei. Vor dem letzten Klingelzeichen fürchtet er sich. Sonst sehnt er sich danach. Denn nach dem letzten Klingelzeichen wird er sie sehen. Sie wird auf ihn warten, wo sie immer auf ihn wartet. Du wirst mich vorwurfsvoll ansehen, mit verweinten Augen, as tears go by. Warum hast du mich da stehen lassen, wirst du sagen, mitten in der Nacht am Schloßgartentor, an unserm Tor? Warum hast du mir das getan? Ring, ring goes the bell, und dann steht sie schon vor ihm und weicht seinem Blick aus, seinem tapferen Blick, und sie geben sich keinen Kuß. Ich... stottert er. Tut mir leid, sagt sie. Laß mich erklären, sagt er jetzt fest, we can work it out. Sie berührt seine Hand. Es ging nicht. Aber... er will ja alles erklären, try to see it my way. Ich bin nicht gekommen, sagt sie, weil, als ich wach lag und über alles nachgedacht hab, da... Du bist nicht gekommen? Er fällt ihr noch einmal um den Hals, lacht und lacht. Sei mir nicht böse, sagt sie. Laß uns über alles nachdenken. Wir brauchen Abstand und... don't think twice it's allright. Ja, ja, sagt er, während sie nebeneinander hergehen, laß uns über alles nachdenken, und etwas Abstand and it's all over now baby blue. Ich muß zum Mittagessen, sagen beide wie aus einem Munde. Und kein Kuß zum Abschied. Über alles nachdenken. Plötzlich denkt er an Anne. Vielleicht ist sie...? Ob sie ihn verstünde? Er dreht sich noch einmal um. Sie ist klein geworden in der Entfernung, und es sind doch nur wenige Schritte. Er leckt sich die trockenen Lippen, a love that should have lasted years...

BEFÖRDERUNGEN

1.

Der Frühling ist diesmal plötzlich gekommen! Vor einer Woche hat überall noch Schnee gelegen, schmutzig-grau zwar schon, aber immerhin Schnee. Dann kam der Regen, drei oder vier Tage lang, fast ununterbrochen, erst kalt und stürmisch, aber vorgestern ist er ganz sanft und lau geworden. Und endlich, seit gestern, ist die Sonne da, steht schon so hoch, und alles verschwimmt in einem glasigen Blau. Handschuhe und Mütze hat er heute zum erstenmal zu Hause gelassen, den besorgten Mahnungen seiner Mutter zum Trotz; und ist es nicht wirklich ein prachtvolles Freiheitsgefühl, den milden Wind im Gesicht zu spüren, der ihm die Haare aus der Stirn weht? Peter Florandt sperrt Nase, Ohren und Augen auf; in der Luft liegt schon Duft von treibendem Gras, und als sich dieser Duft mit dem Geruch des verbrannten Gemischs durchdringt, das aus dem knatternden Auspuff seiner Velo-Solex quillt, fühlt er sich wie Peter Fonda und Dennis Hopper in Personalunion, wenn nicht noch besser - vor dem schrecklichen Ende, versteht sich!

Er biegt mit elegant-riskantem Schwung vom Theaterwall ab. Das rotgeklinkerte Schulgebäude verschwindet aus dem Rückspiegel und damit die Erinnerung an die Mathematikarbeit, die er gerade hinter sich gebracht hat.

With a little help from my friends, singt er in sich hinein, aber was soll's? Er hat sie hinter sich - und zwar gar nicht so übel. Das Abitur kann kommen, er hat keine Probleme, und heute sowieso nicht. Heute stimmt einfach alles, irgendwie! Wenn er sich dabei nicht albern vorkommen müßte, könnte er jetzt vor Glück laut schreien, irgendwas, aber dafür ist er wohl doch schon zu alt.

Es ärgert ihn nicht einmal, daß der Motor nun schon wieder zu stocken beginnt, wie schon vorhin auf dem Weg zur Schule. Er kennt das, fast liebt er es. Zündkerze verrußt, Preis des Frisierens, natürlich, immer die alte Leier. Und dann ist es auch schon vorbei mit dem herrlichen Fahrtwind, denn die Solex steht. Scheiße. Doch selbst, wie der Mann eben ist - und heute besonders -, greift er sich mit geübten Händen aus der Satteltasche Drahtbürste und Kerzenschlüssel, montiert, reinigt, montiert.

Weiter geht's, und wieder fliegt ihm das Pflaster entgegen. Fünfminutensache, und diese fünf Minuten wird Birgit wohl noch auf ihn warten können, auch wenn sie immer so superpünktlich zum Mittagessen zu Hause sein muß. Am Wochenende aber werden ihre Eltern verreisen, und dann haben sie endlich wieder zwei ganze Tage zusammen, und vor allem Nächte, allein. Seinen Eltern hat er es auch schon erzählt, daß an eben diesem Wochenende das große Handballturnier in Wilhelmshaven stattfände, und er freue sich schon mit der ganzen Mannschaft auf den Sieg, an dem kein Zweifel bestünde. Sein Vater hat ihn zwar halb skeptisch, halb amüsiert angeblinzelt, aber gesagt haben beide nur wie im Chor: „So? Na ja."

So! Na ja! Er ärgert sich. Behandelt wird man wie ein Kleinkind. Mit neunzehn! Was Birgit nicht alles hat einstecken müssen, bis ihr schließlich ein fortschrittlicher Arzt die Pille verschrieben hat. Demütigend, zum Kotzen! Aber nicht mehr lange, weiß Gott, nicht mehr lange dies duckmäuserische Sichanpassen. Spätestens in einem halben Jahr ist er in Hamburg an der Uni, und in spätestens anderthalb Jahren wird Birgit nachkommen. Was sein Bruder nicht alles für tolle Geschichten erzählt, wenn er ab und zu vom Studienort zu Besuch kommt. An den Universitäten brodelt und gärt es, die spießige Doppelmoral des Establishments gerät unter Druck. Ha! Selbst bis hier, ins verschlafene Oldenburg, schwappen Wogen des Aufruhrs, gebrochen und zahm zwar, doch Ahnungen großer Ereignisse schwingen herüber. Angesichts solch hochpolitischer Brisanz erscheint es ihm fast zweitrangig, daß er irgendwann mit Birgit wird schlafen können, wann und wo immer sie wollen.

Und nun ist er auch schon am Treffpunkt, der Schülerkneipe *Montparnasse,* die prompt auf den Frühling reagiert und die ersten Stühle und Tische ins Freie gestellt hat. An einem sitzt Birgit und lacht ihm winkend entgegen. Er stellt sein Mofa gewissenhaft ab und geht auf sie zu.

„Du bist spät", sagt sie mit gespieltem Vorwurf.

Statt einer Antwort tippt er ihr mit seinem ölverschmierten Zeigefinger auf die Nase. Da ist nun ein Fleck.

„Entschuldige", sagte er.

Sie lachen. Sie umarmen sich.

2.

Es kam selten vor, aber heute hatte er sich das Ende der Vorlesung schon nach zehn Minuten herbeigesehnt, so stickig und schwül kroch der Spätsommer durch den Hörsaal. Professor Nußmann vorn am Pult hatte alle drei Minuten ein großkariertes Taschentuch gezückt und sich mit leidender Miene die Schweißtropfen von der Stirn gewischt, schließlich ein Einsehen mit sich und seinen Studenten gehabt und in „Anbetracht der Witterung und des bevorstehenden Wochenendes" den Vorschlag zur Abstimmung gebracht, die Vorlesung vorzeitig zu beenden. Obwohl diese Form der Beifallsäußerung durchaus abgeschafft war, hatte das Auditorium fast geschlossen auf die Tische geklopft und damit Nußmann wehmütig an vergangene Zeiten und Riten erinnert, nach denen nicht nur er sich zurücksehnte, obwohl er der letzte gewesen wäre, dies laut zu sagen.

Draußen stand die Luft. Kein Blatt bewegte sich. Es roch nach Gewitter, doch am Himmel zeigte sich nicht das kleinste Wölkchen. Peter Florandt öffnete seinen Uralt-VW, 200 DM ohne Garantie, auf der rechten Seite, denn die Fahrertür war schon von Anfang an verklemmt gewesen. Die Büchermappe warf er auf die Rücksitze und kletterte, leise aufs Wetter fluchend, über den Schaltknüppel hinweg hinters Lenkrad. So unrecht hatte der Bursche vom TÜV auch wieder nicht gehabt, als er bei der letzten Vorführung Florandts Wagen fast mitleidig als „Kasperbude“ bezeichnet hatte. „Wohl Student, wie?“, und dabei hatte er ihm etwas mißtrauisch ins bärtige Gesicht gesehen. Wie angeekelt er schließlich die Plakette hatte rausrücken müssen! Florandt grinste, zündete sich eine Zigarette an. Hauptsache, die Kiste läuft. Man muß nur erst mal reinkommen.

Er fuhr los. Birgit würde sich freuen, daß man nun früher als geplant nach Timmendorf würde fahren können; ihm aber war das ganze Wochenende an der Ostsee zuwider. Zwar war er entschlossen, die dringend aufzuarbeitende Literatur mit an den Stand zu nehmen, aber von konzentrierter Arbeit konnte dann keine Rede mehr sein. Andererseits konnte er Birgit dies Wochenende unmöglich abschlagen; dreimal schon hatte er es ihr versprochen, und immer war in letzter Sekunde etwas dazwischengekommen. Asta-Arbeit, Büchertische während der Infowoche, Bäumlers Vortrag, dies und jenes eben. Und schließlich steckte er bis zum Hals in der Niederschrift seiner Dissertation. Die war ihm im Laufe der Zeit, bei und trotz aller hochschulpolitischen Aktivität, zum Zentrum seines Tuns und Denken geworden; erst recht, nachdem Nußmann ihm eine Assistentenstelle in Aussicht gestellt hatte, sollte die Arbeit halten, was Nußmann sich davon versprach. Das hatte böses Blut mit Florandts Genossen gegeben, galt Nußmann zwar nicht gerade für reaktionär, so doch allemal für scheißliberal.

Komplizierter waren jedoch die Folgen für Florandts Beziehung zu Birgit. Sein politisches Engagement hatte sie noch hingenommen, teils, weil sie von dessen Notwendigkeit überzeugt war, teils resignierend, weil er auf dem Standpunkt stand, daß eine Zweierbeziehung ein emotionaler Privatspaß sei, der sich den großen und eigentlichen Zielen unterzuordnen habe.

Florandt ließ die linke Hand aus dem heruntergekurbelten Seitenfenster hängen, aber auch der Fahrtwind nahm nicht den Druck von seinem Kopf. Zur Zeit kam es aber auch knüppeldick; die Arbeit mußte fertiggestellt werden, deine heilige Dizzy, wie Birgit eifersüchtig daherredete, die Genossen durften nicht völlig verprellt werden, und irgendwie mußte er auch noch Birgits Ansprüche nach einer befriedigenden Beziehung ernst nehmen. Schwer genug war es ihm gefallen, aus der Wohngemeinschaft mit den drei Genossen auszuziehen, um mit Birgit in diese bürgerliche Drei-Zimmer-Wohnung überzusiedeln, aber es hatte sich gezeigt, daß dieser Umzug auch seine positiven Aspekte gehabt hatte. Zwar ging ihm Birgit nun stärker und häufiger auf die Nerven, mit ihrem kleinbürgerlichen Gerede von Kindern und Heirat, aber andererseits hatte er nun mehr Zeit für seine Arbeit und stand vor allem nicht länger unter der enervierenden ideologischen Aufsicht der Genossen.

Die konnte er beim besten Willen jetzt nicht gebrauchen, denn Nußmann verlangte keine Analysen verflossener Arbeiterkämpfe, keine pamphletistische Politökonomie, sondern sachlich saubere Betriebswirtschaftsforschung. Das war Nußmanns Bedingung, auf die Florandt einging, sein Gewissen damit beruhigend, das diese Art der Anpassung ein strategischer Kompromiß sei, der ihm später, hatte er die Assistentenstelle erst mal sicher, emanzipatorische Einflußmöglichkeiten schaffen würde.

Er saß im Moment zwischen den Stühlen, und Kopfschmerzen hatte er auch. „Karrierist, opportunistischer!" schrien die Genossen. „Unsensibler Chauvinist" maulte Birgit zu Hause. Gott sei Dank, in einigen Monaten würde die Arbeit geschafft sein, alles würde einfacher, besser, alles würde seinen Gang gehen. Jetzt also war er erst mal auf dem Weg zu Birgit, die sicherlich schon mit gepackter Reisetasche auf ihn wartete. Und vielleicht war es gar nicht so übel, mal zwei Tage am Strand zu liegen und an alles mögliche außer an die Volkswirtschaft zu denken. Seine Stimmung wurde besser, fast freute er sich.

Gleich war er da, noch zwei, dreihundert Meter. Schon begann er, nach einer freien Parklücke Ausschau zu halten, als plötzlich ein metallisches Knirschen und Schütteln vom Motor herdrang. Der Wagen lief noch einige Meter lautlos von selbst, ruckte, gab keine Geräusche mehr von sich, stand. Stand und bewegte sich nicht.

Scheiße! sagte Florandt, stieg aus und öffnete mit spitzen Fingern die Motorhaube, aus der dunkler Qualm drang. Er fummelte einige Minuten lustlos im Motorraum herum, aber er wußte, daß hier nichts mehr zu machen war. Zumindest nicht für ihn; ein Fachmann mußte her, aber der war nun, Freitag nachmittag um drei Uhr, natürlich nicht mehr zu bekommen.

Er ging fluchend die paar Schritte zum Haus, stieg die Treppe hinauf, als ihm plötzlich einfiel, daß das Problem Ostsee sich damit von selbst gelöst hatte. Er mußte lächeln, bezwang sich aber und klingelte mit verbissenem Gesicht an der Wohnungstür. Birgit öffnete, die Reisetasche stand gepackt vor der Garderobe.

Was denn nun wieder los sei?

Mit dürren Worten klärte er sich auf. Erst schien sie den Tränen nahe, dann fing sie unvermittelt zu lachen an.

Was das solle? wollte er mürrisch wissen.

Sie deutete auf seine ölverschmierten Hände. „Weißt du, woran mich das erinnert?"

Aber er war schon an ihr vorbei, ließ Wasser über die Hände laufen und schrubbte mit Seife und Bürste an ihnen herum, als wolle er mehr und Tieferes abwaschen als nur diesen Ölfilm. Ja, natürlich wußte er, woran sich Birgit erinnerte. Für einen kurzen Moment war ihm seltsam weich in den Knien, vor seinen Augen flimmerte es. Die Kopfschmerzen wurden stärker. Laut rief er aus der halboffenen Badezimmertür, durch das gleichmäßige Rauschen des Wasserstrahls: „Hör bloß mit deinen Sentimentalitäten auf!"

Er hörte sie dann schluchzen, ging an den Schreibtisch. Peter Florandt schrieb, rauchte, die Zigarette ging aus, das Papier klebte schmerzhaft an der Unterlippe. Er schrieb. Reihte Daten und Fakten. Nüchtern. Sachlich.

3.

Er hielt konstant die linke Spur und nahm den Fuß nicht eine Sekunde vom Gas. Der Regen prasselte gegen die Windschutzscheibe, spritzte in hohen Fontänen nach beiden Seiten, und endlich wich auch der uralte Klapperkäfer mit dem unsinnig großen *Atomkraft-Nein-Danke*-Aufkleber am Heck. Die Bahn war wieder frei.

Florandt, Dr. Peter Florandt, seit vier Jahren erfolgreich aufstrebender Kundenberater und seit gestern, darüber war nun kaum noch ein Zweifel erlaubt, designierter Account-Director der renommierten Werbe-Groß-Agentur McLinn: Hamburg, entfuhr ein nostalgisch-sentimentaler

Seufzer, als der VW hektisch zur Seite torkelte, um den schweren Wagen, der hupend und mit voll aufgeblendeten Scheinwerfern heranjagte, vorbeiziehen zu lassen. Florandt winkte in bester Laune dem ärgerlich aussehenden Jüngling, der in unschöner Haltung hinter dem Steuer des VW klemmte.

Wohl Student, wie? lachte er vor sich hin, drückte eine Musikkassette in den Stereorecorder und pfiff voll Schmiß, so gut das Zigarillo zwischen seinen Zähnen es erlaubte, die „Revolutionären Lieder Lateinamerikas“ mit. Kinder, waren das Zeiten. Lässig, mit einer Hand lenkend, vergnügte er sich damit, den Wagen exakt so auf der Fahrbahn zu halten, daß die weißen Mittelstreifen genau durchs Zentrum des ebenmäßig dreigliedrigen Sterns im silbernen Kreis rasten, der seinen Kühler krönte.

Wie am Schnürchen, schmunzelte er behaglich, gelassen sich weiter zurücklehnend ins bequeme Lederpolster seines Sitzes. In der Tat, wie am Schnürchen hatten sich während der letzten Jahre die Erfolge eingestellt, eigentlich gegen seinen Willen und fast ohne eigenes Zutun. Er hatte sich eigentlich nur dazu durchringen müssen, den Boden gegebener Tatsachen als festen und überraschenderweise auch dauerhaften Grund zu akzeptieren. Der Kapitalismus mit all seinen schönen und weniger schönen Begleiterscheinungen hatte dem Dr. Florandt sein lachendes Gesicht gezeigt, und es hatte sich erwiesen, daß dies Gesicht durchaus gesund und keineswegs hinfällig war, aller marxistischen Theorie zum Trotz. Nicht daß er seine politischen und moralisch-ethischen Grundsätze von damals begraben oder verraten hätte. Durchaus nicht! Er sprach immer noch gerne und äußerst eloquent von der Scharfsichtigkeit kritischer Gesellschaftstheorie, womit er auf Parties des öfteren bemerkenswerten Eindruck machte. Allerdings mußte man, wie die allgemeine Situation sich nun mal darstellte, geschmeidig und voll listiger Konzilianz sein. wollte man nicht überrollt und gebrochen werden. Die Sachzwänge forderten ihre Tribute, doch ließ sich mit ihnen leben.

Florandt strich sich sinnend übers glattrasierte Kinn. Er hatte sich verändert, kein Zweifel, und es war ein steiler, aber kurzer Weg gewesen, der ihn in diesen Wagen geführt hatte, auf diese Strecke. Und er war stolz auf diese Veränderung, war ihm doch die Fähigkeit, sich zu verändern, immer schon als eine der schwersten und besten Tugenden erschienen. So hing auch konsequenterweise über seinem Schreibtisch im Büro jene kleine Geschichte Brechts vom Herrn Keuner, in der dieser sich dafür schämt, sich nicht verändert zu haben. Listig, wie diese Geschichte nun mal erzählt war, hatte bislang auch niemand daran Anstoß genommen, daß sie zwischen den großen Kampagnen für Magerquark und Edelessig hing - und würde es in Zukunft noch viel weniger tun, ja, kaum noch wagen.

Denn heim fuhr von Zürich in seinem nagelneuen Mercedes-Benz-Wagen der Herr Dr. Peter Florandt, neben sich auf dem Beifahrersitz einen schwarzledernen Aktenkoffer mit Sicherheitsschloß, bergend den glücklichen Coup, den wirklich ganz großen Erfolg. Augen würden sie machen, die grauen Herren von der McLinn, allen voran der Herr Scharfental würde seine kleinen Schweinsäuglein in ungläubig glücklichem, gleichzeitig mißgünstig eifersüchtigem Staunen mühsam erweitern. Der Etat, den man schon abgeschrieben hatte, war da. Und er, Florandt, hatte ihn an Land gezogen, diesen dicken Fisch, dank seiner listigen Geschmeidigkeit, dank nicht zuletzt seiner dialektischen Schulung.

Ach Nußmann, alter Bücherwurm, wenn du wüßtest. Florandt schlug fröhlich den Takt der Musik mit der flachen

Hand auf dem Lenkrad mit. Der Posten des gerade pensionierten Thaler war ihm so gut wie sicher, und damit ein Gehalt, das endlich die Bezeichnung „gutes Geld“ verdiente. Doch wichtiger noch als das Geld war der Umstand, daß dies sein ganz persönlicher Erfolg war, sein individueller Triumph. Und wer hätte leugnen wollen, daß Erfolg guttat, gut schmeckte, ja frei machte? Florandt kostete, schmeckte ihn aus, diesen seinen Erfolg, er sonnte sich darin auf der regenüberströmten Autobahn Zürich-Frankfurt, indem er die „Revolutionären Lieder Lateinamerikas“ mitpfiff, vollen Herzens und mit dem Elan von damals.

Der Regen war immer noch stärker geworden, aber Florandt fühlte sich sicher und stark im gleichmäßig dahinschießenden Wagen, vor dem aufgeschreckte Kleinwagen in Panik nach rechts stoben. Asphaltwarzen, grinste er in sich hinein, zündete ein neues Zigarillo, das Stück zu DM 3,-, blies den Rauch genießerisch gegen die Windschutzscheibe und hing amüsiert seinen Erinnerungen nach.

Damals, ja damals. Wie war er eigentlich hierhergekommen? Bevor es begonnen hatte, wie am Schnürchen zu laufen, waren harte Zeiten gewesen, Frustrationen, deprimierende Enttäuschungen. Wohl hatte er damals seine Promotion exakt so hingelegt, wie Nußmann sie wollte, und sogar die einleitenden und abschließenden gesellschaftskritischen Be- und Anmerkungen waren so geschickt formuliert, daß Nußmann sich dafür begeistert hatte. Die Genossen freilich waren weniger begeistert, von Birgit zu schweigen, hatte doch von Heirat naturgemäß immer noch keine Rede sein können. Erst mal mußte die Assistentenstelle her, dann hätte man weitersehen können. Aber dann, wie aus heiterem Himmel, kam dieser unselige - oder sollte man heute nicht sagen: glückliche - Einstellungsstop für die Universität, und niemand fragte mehr Nußmann, ob er einen Assistenten brauchte, und niemand fragte mehr Florandt, wie er denn qualifiziert sei. Da stand der Dr. Florandt, Volkswirt mit ausgezeichneter Promotion, auf einmal auf der Straße und war nichts weiter als ein Teil des sogenannten akademischen Proletariats. Aus war er gewesen, der Traum von der Hochschulkarriere, der Wunsch nach demokratisch-sozialistischen Innovationen im Uni-Bereich.

Anfangs hatte er mit einem gewissen trotzigen Selbstbewußtsein zu diesem Status des Habe- und Binnichts gestanden, was um so leichter fiel, als Birgit mit ihrem Lehrerinnengehalt auch beide für einige Zeit ohne Schwierigkeiten durchbringen konnte. Sie tat das sogar gern, denn irgendwann müßte der Tag kommen, an dem es umgekehrt sein würde und Florandt mit seinem Gehalt Frau und Kinder würde ernähren können.

Allein, eines Tages war man gemeinsam auf dieser Party zu Gast, die an und für sich ekelhaft oberflächlich und modisch geleckt gewesen war; und dort war Florandt mit einem gewissen Menschen ins Gespräch gekommen, der sehr vernünftige Ansichten über alles und jeden verbreitete, nicht unsympathisch war, aber, wie sich im Laufe des Abends herausstellte, in der Werbebranche arbeitete. Florandt hatte ihn unverzüglich zur Rede gestellt und eine ebenso bissige wie erhitzte Polemik gegen Manipulation und Volksverdummung losgelassen, wobei sein brillanter Fanatismus besonders die auf der Party anwesenden Frauen bezaubert hatte. Allerdings war zu seinem großen Ärger gegen die trocken hervorgekauten Kenntnisse dieses Werbefritzen genausowenig anzukommen gewesen wie gegen dessen witzig pointierten, relativistischen Halbwahrheiten. Schließlich hatte dieser Omo-Onkel, halb im Scherz, empfohlen, das, was Florandt hier effektvoll in der Luft zerriß, sich lieber einmal aus der Nähe anzusehen, mit kritischem Augenschein zu betrachten, was wirklich Sache sei. Im übrigen, das warf dieser Mensch noch im Weggehen Florandt vor die Füße, suche die Werbeagentur McLinn händeringend qualifizierte Betriebs- und Volkswirte, und er, Florandt, suche doch, wie man wisse, seit längerer Zeit händeringend einen vernünftigen Job. Oder etwa nicht?

Mit diesem „oder etwa nicht?“ war Florandt nach Hause gegangen. Die drei Worte ließen ihn nicht los, eine Woche überlegte er, ging mit sich selbst und mit Birgit zu Rate.

Eines Tages hatte er dann tatsächlich am prächtigen Eingang von McLinn gestanden, den unumstößlichen Vorsatz im Kopf, endlich einmal dem unmoralischen Treiben der Konsumvergötzung hinter die Talmikulisse zu linsen, um später Enthüllungen ans Licht der Öffentlichkeit zu bringen, die die menschenverachtende Unverfrorenheit dieses albernen Treibens auf eindrucksvolle Art würden geißeln werden.

Herr Scharfental, einer im hochmodischen Anzug, doch ohne Krawatte, dafür mit farbigem Seidenschal, hatte Florandt mit dröhnender Jovialität eingestellt und ihn von Anfang an einfach Doktorchen genannt. Kritische Leute brauche er, kritische, hatte Scharfental gequallt, Leute, die um die Ambivalenz dieses Jobs wüßten, keine angepaßten Jasager. Die Frage nach Moral oder Unmoral von Werbung stelle sich nicht, sondern ausschließlich die, ob Werbung gut oder schlecht ihr Anliegen kommuniziere.

Florandt, vorerst auf Probe eingestellt, hatte ein Anfangsgehalt bezogen, das ihn fast beschämt hätte; allein, er hatte das Geld gut brauchen können, um seine Schulden zu bezahlen, und schließlich war dies eine Kuh, die man ohne Gewissensbisse melken konnte. So war man sich schnell einig geworden, und bei der Vertragsunterzeichnung hatte

Florandt sich noch als das konspirative Kuckucksei gefühlt, das sich listig zwischen die faule Brut der Manipulateure gelegt hatte. Sand in dies komplizierte Getriebe werfen, wo immer es ihm möglich war: Das war sein lauterer Anspruch.

Florandt blieb.

Die Probezeit lief ab, man verlängerte den Vertrag zu besseren Bedingungen. Florandt blieb, nun schon im fünften Jahre. Und je länger er blieb, als desto unverdächtiger entpuppte sich das Material, desto weniger stellte sich die Frage nach der Moral; bald sprach auch er geläufig von Kommunikation statt von Manipulation, seine Arbeit war zuverlässig und durchaus nicht der Sand, sondern das Öl im Getriebe. Tropfenweise erst, doch mit jeder ordentlichen, und vor allem mit jeder außerordentlichen Gehaltserhöhung freier, breiter fließend, bis Florandt schließlich selber darüber entscheiden konnte, ob und wieviel Öl zu spritzen sei.

Auch Birgit war durchaus zufrieden und träumte immer lauter und deutlicher davon, daß nun die Zeit reif sei für Babies und Heirat, da doch die ökonomische Grundlage endlich gegeben war. Florandt drehte und wand sich in schwachen Ausflüchten, bis er in der McLinn die aufstrebende Modefotografin Charlene d'Angelo kennenlernte, die mit bürgerlichem Namen Karin Angelheim hieß und aus Bad Iburg stammte. Die Affäre war heftig, und die spannungsreiche Sympathie beruhte auf Gegenseitigkeit: Florandt war fasziniert von der spätbürgerlich-mondänen Laszivität der d'Angelo, während diese in seinen immer noch rebellischen Reden, die sich nach drei, vier Drinks problemlos von seiner Zunge lösten, prickelnd revolutionäre Reize entdeckte.

Entdeckt wurde die ganze Geschichte natürlich auch von Birgit, doch bevor Florandt sich dazu durchringen konnte, die längst überfällige Trennung von ihr zu vollziehen, war Birgit schwanger. Florandt hatte getobt und ihr bewußte, heimtückische Erpressung vorgeworfen, aber Birgit war sehr ruhig geblieben und hatte angekündigt, das Kind zur Welt bringen zu wollen, ob nun mit oder ohne Vater. Die d'Angelo wiederum sah sich durch solcherart unerquickliche Komplikationen empfindlich in ihrer freifließenden Kreativität gestört und verschwand kurzerhand, mit einem spöttisch-mitleidigen Lächeln zum Abschied, in den Olymp der Frankfurter Werbeszene.

Drei Monate später war Florandt Ehemann, fünf Monate später Familienvater. Geboren wurde ein Sohn, inzwischen schon dreieinhalb Jahre und kräftig, der, Florandt lächelte nicht ohne Stolz in den strömenden Regen hinaus, ganz in die Art des Vaters geschlagen war. Und nun war Birgit zum zweiten Mal schwanger, was Florandt jedoch eher gleichgültig hinnahm, war er doch seit Monaten fast nur noch auf Geschäftsreisen, so daß Birgit nicht unter seinem Zigarilloqualm und sein Sexualleben weder unter ihren Schwangerschaftsneurosen noch unter eintöniger Langeweile zu leiden hatte.

Wegen des Regens kam die Dämmerung früh, und jetzt waren es noch 69 Kilometer bis Frankfurt: Das machte noch schätzungsweise fünf Stunden scharfer Fahrt heim zur hochschwangeren Birgit, eine halbe Stunde aber nur, wie ihm schlagartig einfiel, um mit der guten Charlene einmal wieder ausführlich über Legitimationsprobleme im Spätkapitalismus und Belichtungsprobleme in der Werbefotografie zu reden.

Der Dr. Peter Florandt war zu einem Mann kurzer Entschlüsse gereift, und so stoppte er seinen schönen, metallicglänzenden Wagen mit quietschenden Reifen an der nächsten Autobahnraststätte, bestellte Kaffee und Cognac und griff zum Telefon.

Charlene war überrascht, aber durchaus angenehm. Man würde sich in zwei Stunden an der Bar des Plaza-Hotels treffen.

Florandt bestellte einen zweiten Cognac, diesmal einen doppelten, um die Geschmeidigkeit seiner Zunge zu erhöhen, rief Birgit an. Erklärte vielwortig, aber bedauernd, daß es Komplikationen mit dem neuen Wagen gäbe, den er offenbar zu scharf eingefahren habe. Um Schlimmeres zu verhüten, müsse er wohl oder übel eine Werkstatt aufsuchen, was ihn leider nötige, hier in der tiefsten Provinz Logis zu nehmen, um dann erst morgen im Laufe des Tages in Hamburg einzutreffen.

Birgit hörte sich alles, wie es schien, sehr gelassen an. Er war froh, daß die Sache so glatt ging und flötet allerhand Schmeichelhaftes ins Telefon. Plötzlich hatte er eine famose Idee, sagte, er säße hier mit total ölverschmierten Händen, der Anzug sei gar ruiniert.

„Erinnert dich das nicht an etwas, Liebling?" frage er neckisch.

Birgit gab keine Antwort. Dann, nach einigen Sekunden des Schweigens, sagte sie leise, nun mit mühsam beherrschter Stimme: „So, du hast dir also die Hände schmutzig gemacht."

Es knackte in der Hörmuschel. Sie hatte eingehängt. Liebling, ich komm hier wirklich nicht weiter, wollte er noch sagen.

Aber die Leitung war tot.

DIE URKUNDE

„... hat also der Studienrat Peter Hinrichs auf der Klassenfahrt nach Wangerooge seine Aufsichtspflicht vernachlässigt. Am Tod der ertrunkenen Schülerin ist er zumindestens mitschuldig. In Anbetracht aller Umstände dürfte eine Strafe von ...“

Als Echo eines fremden Klangs dringt das Plädoyer des Staatsanwalts an Peter Hinrichs' Ohren, wird gebrochen und überdeckt vom gleichmäßigen Geräusch der Brandung, in dem das Rufen des Kindes längst verstummt ist, doch Hinrichs geht den Strand auf und ab, den Strand auf und ab, nicht bloß in jener Nacht, in der es geschah, sondern in fast allen Nächten, die folgten, zwei Jahre lang, und wenn er sich unruhig in seinem Bett wälzte, wußte seine Frau, daß er wieder den Strand auf und ab geht und in die Brandung lauscht.

Weil der Staatsanwalt wieder Platz genommen und sich nun sein Verteidiger erhoben hat, weiß Hinrichs, daß der Verteidiger den Antrag auf Freispruch vorträgt und klug begründet, aber auch diese Worte versteht er nicht, denn über das nie endende, vorwurfsvolle Tosen der Brandung schieben sich anschwellend Geräusche, die sich in Hinrichs verschwommen angekündigt haben, als der dem Vorsitzenden Richter zum erstenmal ins Gesicht gesehen hat, vor zwei Stunden wohl, bei Eröffnung der Hauptverhandlung; es sind die Geräusche, die in einer Sporthalle entstehen, wenn dort Handball gespielt wird. Das Prellen des Balles auf dem Parkett, die Schreie der Spieler, die Pfiffe des Schiedsrichters, Beifall und Anfeuerungen, Torjubel, Rufe von den Trainerbänken. Aber nein, von ihrer Betreuerbank waren keine Rufe gekommen, denn sie waren allein gefahren, hatten allein fahren müssen, damals...

„Herr Angeklagter“, hört er plötzlich die sanfte Stimme, diese schrecklich sanfte Stimme des Richters, weil ihn sein Anwalt angetippt hat und Hinrichs hochfährt, ertappt, „Ihnen gehört das letzte Wort. Wollen Sie noch etwas sagen?“

Hinrichs starrt den Richter an, starrt ihn wieder an wie vorhin, schüttelt wortlos den Kopf. Hat er ihn erkannt? Er muß ihn doch erkannt haben! Es ist überhaupt kein Zweifel möglich. Der Vorsitzende Richter Dr. Jansen ist dieser Dieter Jansen von damals, mit seiner weichen, nachgiebigen Stimme. „Das Weichtier“ hatten sie ihn genannt, und der Name klebte an Jansen während der ganzen Schulzeit. Ob die juristischen Kollegen ihn immer noch so nennen, hinter vorgehaltener Hand? Und wenn überhaupt Zweifel möglich waren, so sind diese schlagartig verschwunden, als Hinrichs in das Glasauge des Richters hat blicken müssen, irritiert erst, weil er nicht sofort merkte, daß der Richter ihn nur mit dem anderen, lebendigen Auge fixieren kann. Das Glasauge hat Hinrichs so aus der Fassung gebracht, daß er während der Verhandlung unzusammenhängend, stotternd gesprochen hat, schließlich, um den Eindruck nicht allzu negativ werden zu lassen, seinem Anwalt zuflüsterte, er fühlte sich unwohl, die Hitze, der Anwalt möge das dem Gericht mitteilen, was auch geschehen ist, indem der Anwalt darauf verwies, wie sehr den Angeklagten, diesen verantwortungsbewußten Pädagogen, das schreckliche Ereignis immer noch belaste. Und tatsächlich ist während der ganzen Zeit im Gerichtssaal dies monotone, antwortlose Brandungsrauschen, das nur Hinrichs hört; wie soll er erklären, daß es nicht dies Geräusch ist, das er seit zwei Jahren kennt, als gehöre es zu ihm, daß es dies nicht ist, was ihn stumm und bleich macht, sondern das andere, das greller hochspülende Geräusch des Handballspiels in jener Turnhalle, dies Geräusch, das vom

Glasauge des Richters Dr. Jansen, der das Weichtier ist, gebündelt, verstärkt und vielfach verzerrt in den stickigen Gerichtssaal zurückgeworfen wird?

„Unangenehm“, hat der Verteidiger vor der Verhandlung gesagt, „wir haben den Richter Jansen. Ein scharfer Hund, dem man’s nicht ansieht.“

Hinrichs hat mit den Schultern gezuckt; es war ihm egal. Er hat gewußt, daß er unschuldig ist, war froh, daß diese Sache nun endlich ihren Abschluß finden sollte. Doch dann, als der Richter ihn angesehen hat mit dem starren, toten linken Auge und dem lebendigen rechten, hat es Hinrichs wie ein Schlag getroffen, und die Geräusche sind wiedergekommen und neu gekommen. Dieter Jansen. Ein Jahr jünger als Hinrichs. Sie sind zur gleichen Schule gegangen. Jansen eine Klasse unter ihm; Jansen, der Schleimer, Jansen, der Streber, der den Lehrern die Taschen nachtrug und die Türen aufhielt, das Weichtier, das Prügel provozierte, weil es so butterweich nachgiebig war, das Prügel bezog, aber selber nie austeilte und dafür noch Verachtung zu spüren bekam. Und eines Tages hatten sie es ihm gegeben, ein für allemal, nach dieser unseligen Urkundengeschichte, die doch ein Witz war. Niemand hatte es gewollt, nicht so gewollt. Aber getroffen hatte es den Richtigen, den Streber, den Primus, Verräter. So ein Auge vergißt nicht, das nagt ein Leben lang. Er hat sich aber nichts anmerken lassen, hat sich in der Kontrolle, seine Miene ist gleichbleibend gelassen geblieben, weich, doch energisch, die Stimme sanft, doch insistierend.

„Das Gericht zieht sich zur Beratung zurück. Die Urteilsverkündung erfolgt um...“

„Herr Hinrichs“, hört er wie aus Nebeln seinen Verteidiger, der ihn am Arm aus dem Gerichtssaal auf den Gang zieht, „was ist denn mit Ihnen los? Die Sache steht doch ausgezeichnet für Sie.“

Hinrichs schüttelt den Kopf, wischt sich Schweiß aus den Augenwinkeln. Wie lange ist das her? Zwanzig Jahre? Schuld hatten doch alle. Oder niemand. Niemand hatte etwas dagegen gesagt, nicht einmal Jansen hatte aufgemuckt. Aber dann waren dem Weichtier die Nerven durchgegangen, dem Arschkriecher mit dem streberhaften Rechtsempfinden. Und dafür hat er seine Abreibung bekommen. Daß sie so hoch ausfiel, war ein Unfall. Ohne Jansens schlechtes Gewissen, ohne seine blödsinnige Ehrlichkeit, ohne seine erbärmliche Feigheit, wäre alles glatt gelaufen. Nach einem Monat wäre die Urkunde eine Urkunde von Hunderten gewesen, wäre vergilbt, verstaubt im Trophäenarchiv. Gras wäre über alles gewachsen, langsam und sanft, sanft wie die Stimme Jansens, der nun über Hinrichs zu richten hat. Ob er auf diesen Tag gewartet hat? Was für ein unglückseliges Wiedersehen.

„Der Richter ist befangen", sagt er plötzlich so laut, daß er über seine eigene Stimme erschrickt und der Anwalt ihm einen warnenden Blick zuwirft.

„Aber ich bitte Sie, Herr Hinrichs. Das ist doch Unsinn. Wie kommen Sie darauf?"

„Auge um Auge", murmelt Hinrichs in den wieder anschwellenden Geräuschbrei, aus dem sich die Brandung vor dem Handballspiel zurückzieht, und auf einmal ist auch das dumpfe Geräusch des fallenden Körpers wieder da, der gegen die Tischkante schlug.

Jetzt dringt der Anwalt auf Hinrichs ein, wenn er etwas zu sagen habe, was für den Fall wichtig sei, müsse er das sofort tun. Man habe bis zur Urteilsverkündung Zeit, eine Stunde etwa, und könne im Café am Schloßplatz in Ruhe alles besprechen.

„Ja", hört Hinrichs sich sagen. „Vielleicht ist es gut, wenn ich darüber spreche."

Sie bestellen Kaffee, Hinrichs auch einen doppelten Cognac und dann gleich noch einen, die er schnell hinunterstürzt, damit die Geräusche ihn in Ruhe lassen. Heftig zerdrückt er die Zigarette im Aschenbecher, zündet sich eine neue an, spürt die alte Wut wieder aufsteigen, die Genugtuung über die Bestrafung des Verräters, aber auch den Schreck über das Strafmaß, das keiner gewollt hat, und dazwischen Angst vor Jansens Rache.

„Es geht nicht um den Fall des ertrunkenen Mädchens. Oder wenn, dann nur sehr indirekt. Es geht um eine alte Geschichte. Ich muß damals etwa neunzehn gewesen sein, ein oder zwei Jahre vor dem Abitur. Und Dieter Jansen, der Richter Dr. Dieter Jansen, der sich jetzt gerade den Kopf über meine Schuld, Unschuld oder Mitschuld zerbrechen muß, der war ein Jahr jünger. Ja, Herr Rechtsanwalt. Ich und der Richter, wir kennen uns. Ob er mich wiedererkannt hat, weiß ich nicht. Anmerken lassen hat er sich jedenfalls nichts, doch es würde mich wundern, wenn er nicht wüßte, über welchen Peter Hinrichs er nun richten soll. Der Fall des ertrunkenen Mädchens, da haben Sie hoffentlich recht, liegt klar. Aber der andere Fall...

Es ging da um eine Urkundenfälschung. Eine saudumme Sache. Aber was heißt schon Urkundenfälschung? Ein Streich war das, Schülerunsinn, ausgeführt von unbeaufsichtigten Jungen. Ein Schulstreich, über den man bei Klassentreffen noch Jahre später lachen könnte, den man immer wieder neu und immer anders erzählen könnte, wäre da nicht das blutige Ende gewesen. Eigentlich war es ein Streich, wie er heutzutage auf den Schulen nicht mehr vorkommt, leider. Denn die Schüler haben alle die Köpfe eingezogen vor Numerus clausus und mangelnden Berufsaussichten. Ich als Lehrer würde mir heute durchaus mehr Übermut wünschen. Da waren wir doch andere Kerle. Es muß ja nicht so ausgehen, wie es damals ausging. Aber das war ein Unfall. Ich schwöre es Ihnen.

Wir hatten eine sehr erfolgreiche Handballmannschaft, in der ich mitspielte. Jansen gehörte eigentlich gar nicht dazu. Das Weichtier, entschuldigen Sie, so nannten wir ihn eben alle, war nur Reserve, höchstens. Und deshalb hätte Jansen auch gar nicht mitfahren sollen. Aber dann fiel die halbe Mannschaft wegen einer Grippe-Epidemie aus. Ja, man könnte sagen, daß der Hauptschuldige dieser Bazillus war. Sogar unser Sportlehrer Meyer-Johanns, der auch Trainer der Handballmannschaft war, lag mit Grippe flach. Ein Rückzug unserer Mannschaft von dem Turnier kam nicht in Frage. Dann lieber mit der Reserve und fliegenden Fahnen untergehen.

Das Alte Gymnasium kneift nicht, sagte Meyer-Johanns zu mir, als er mich vom Krankenbett aus anrief. „Peter, ihr seid doch erwachsen. Ihr könnt ohne mich fahren. Macht keine Dummheiten. Und kümmert euch um die Reservespieler, die den Betrieb nicht so kennen. Spielt fair. Das seid ihr der Ehre der Schule schuldig. Verlieren dürft ihr ruhig, dabeisein ist alles. Du kümmerst dich um die Aufstellung, du bist der Kapitän.

Ja, ich war der Kapitän der Handball-Schulmannschaft. Das war ein Posten mit Vorteilen, denn die Handballmannschaft war das Prunkstück des Schulsports am Alten Gymnasium. Und den Mädchen machte ein Kapitän natürlich besonderen Eindruck; das hatte ich schnell spitzgekriegt. Und in Konferenzen wurden von den Lehrern manchmal die Augen zugedrückt, wenn es bei einem der Mitglieder der Mannschaft in anderen Fächern gelegentlich haperte.

Das Training, hieß es dann. Der Junge tut schließlich was für die Schule. Die Ehre. Der Junge setzt sich ein.

Aber nicht in Mathematik.

Aber Herr Kollege, ich bitte Sie. Eine Vier tut doch keinem weh.

Natürlich hab ich das so nicht gehört, aber ich weiß inzwischen aus eigener Erfahrung, daß es gelegentlich so geht. Und dann drücke auch ich mal beide Augen zu. Beide Augen, ja...

Wir fuhren also zum Turnier nach Emden. Dezimiert, ersatzgeschwächt, ohne Lehrer. Am ersten Tag standen zwei Spiele auf dem Programm, beide verloren wir knapp gegen zweitklassige Provinzteams, die sonst keine Chance gegen uns gehabt hätten, Aurich und Leer, ich weiß es noch genau.

Aurich schaurig, sagte Nikolaus, der Linksaußen.

Und Leer haut uns den Kasten voll, stöhnte unser Torwart Swikorski.

Man hatte uns Quartier in einem Seitenraum der Turnhalle gegeben, wo die Geräte stehen. Wir schliefen dort auf den Turnmatten in mitgebrachten Schlafsäcken. Nikolaus und ich hatten zwei Kisten Bier organisiert, ein anderer Mitspieler hatte mindestens vier Flaschen Whisky aus dem Keller seines Vaters geklaut und mitgenommen. Wir betranken uns fürchterlich. Irgendwie waren auch ein paar Mädchen aus dem gastgebenden Gymnasium erschienen. In allen Ecken und Nischen des Geräteraums wurde getuschelt und gekichert. Nur Jansen, das erinnere ich genau, lag längst in seinem Schlafsack. Er hatte es aufgegeben, uns zu Ruhe und Ordnung zu rufen, tat, als ob er schliefe, beobachtete uns aber genau, registrierte jeden Schluck Whisky, jede Flasche Bier, jeden Griff an Busen oder zwischen Beine.

Jansen, du altes Weichtier! schrie irgendwer, Hier, trink mal was. Dann biste morgen auch besser in Form!

Aber Jansen tat, als hörte und sähe er nichts. Und am nächsten Morgen war überhaupt niemand mehr in Form. Jansen spielte sowieso schlecht, dritte Garnitur. Felmhofer, sonst der trickreichste Kreisläufer, machte Fangfehler wie ein Anfänger. Ich selbst verschoß zwei Sieben-Meter. In der Halbzeitpause des ersten Spiels hingen zwei Drittel der Mannschaft in den Toiletten und kotzten Whisky und Jever-Pils. Swikorski, Torhüter wie gesagt, bekam im zweiten Spiel bei einer Abwehr aus kurzer Distanz den Ball direkt in die Magengrube. Er kotzte in den Strafraum. Im dritten und letzten Spiel war dann allen alles egal. Es ging, wie die anderen Spiele auch, verloren; mit einem unglaublich katastrophalen Ergebnis, 2 zu 32, so in der Größenordnung.

Noch bevor der Direktor der gastgebenden Schule mit der Siegerehrung begonnen hatte, packte unser Team seine Taschen und trottete zu dem Bus, der vor der Turnhalle wartete, um uns nach Hause zu bringen. Felmhofer, Nikolaus, Swikorski und ich hingen auf der letzten Bank und teilten uns die letzte halbe Flasche Whisky.

Und jetzt? lallte Felmhofer irgendwann.

Wie und jetzt?

Na, jetzt ist der Arsch ab, wenn wir zurückkommen.

Man wird doch noch mal verlieren dürfen, sagte ich. Hat uns Meyer-Johanns ausdrücklich gestattet.

Der Bus dröhnte vor Lachen.

Klar, sagte Felmhofer, aber eben nicht so. Weiß doch jeder, daß wir selbst mit der Reserve den dritten Platz hätten machen müssen. Aurich, Leer, das sind doch keine Gegner.

Felmhofer, das dämmerte uns durch unseren Suff, hatte recht. Und wenn etwas durchsickern würde über die wilde Nacht im Geräteraum?

Wenn wir mit leeren Händen kommen, gab Swikorski zu bedenken, weiß Meyer-Johanns sofort, daß wir Scheiß gebaut haben, und zwar nicht nur auf dem Spielfeld. Der läßt uns nie mehr auf Turniere fahren.

Scheiße, ja, sagte jemand, wahrscheinlich sagten es sogar einige gleichzeitig.

Plötzlich bremste der Bus heftig. Nikolaus schlug mit dem Kopf gegen einen Stahlgriff am Sitz vor ihm. Die Platzwunde an seiner Stirn blutete.

Na, wenigstens haben wir gekämpft! brüllte Felmhofer und zeigte auf die blutende Stelle. Hier, desinfizier mal.

Aber die Flasche war längst leer. Wir versanken, vom Bus geschaukelt, in dumpfem Brüten. Die Whisky-Flasche kollerte im Mittelgang herum. Und vorn beim Fahrer saß Jansen, das Weichtier, und wollte sich raushalten, wollte mit allem nichts zu tun haben.

Wir haben doch gar nicht verloren, rief Swikorski plötzlich durch den alkoholisierten Halbschlaf. Wir sagen einfach, wir sind Dritter geworden.

Glaubt uns doch kein Mensch, ohne Pokal, ohne Urkunde...

Und dann hatte irgend jemand die Idee. Ich schwöre, daß ich nicht weiß, von wem die Idee stammte. Sie schwirrte plötzlich durch den Bus. Wir würden eine Urkunde haben. Urkundenformulare gab es in jedem Schreibwarenladen, wir würden einfach eine kaufen, mit Schreibmaschine den Text einsetzen und als Unterschrift einen unleserlichen Kaiser Wilhelm darunter. Zaghafte Einwände wurden niedergestimmt, alle verpflichteten sich zu Verschwiegenheit. Jansen saß vorn, starrte aus dem Fenster und sagte kein Wort.

Jansen, du Weichtier! rief jemand von hinten, du weißt von nichts und hältst das Maul, sonst...

Jansen nickte.

Am nächsten Morgen, vor der ersten Unterrichtsstunde, kauften Nikolaus und ich die Urkunde. Wer Text und Unterschrift einsetzte, ist wohl unwichtig.

Meyer-Johanns, inzwischen halbwegs wieder genesen, nahm seine siegreiche Mannschaft stolz in Empfang.

Na bitte, sagte er, es geht doch auch ohne mich.

Die Urkunde wurde neben dem Lehrerzimmer in den Sportschaukasten gehängt, von allen Seiten gab es Glückwünsche für die gute Leistung, trotz Grippewelle und Ersatz.

Drei Tage hing die Urkunde. Dann wurde die Mannschaft zum Direktor zitiert und vor die Alternative gestellt, den zu denunzieren, der die Urkunde ausgestellt hatte - er durfte sich natürlich auch freiwillig melden! -, um von der Schule verwiesen zu werden - oder aber die ganze Mannschaft würde rausfliegen. Alle schwiegen und starrten auf Jansen. Man sah ihm nichts an. Aber wir waren uns sicher, daß er geplaudert hatte.

Unsere Eltern wurden schriftlich benachrichtigt. Urkundenfälschung, Täuschung, Lüge undsoweiterundsofort. Der Vater von Felmhofer, der Rechtsanwalt war, setzte sich mit dem Vater von Nikolaus zusammen, der Lehrer an einer anderen Schule war. Sie verfaßten einen Antwortbrief, in dem sie den Spieß einfach umdrehten. Schulleitung und Meyer-Johanns wurden bezichtigt, ihre Aufsichtspflicht vernachlässigt zu haben. Es sei unerhört, die Kinder allein nach Emden fahren und dort ohne Aufsicht übernachten zu lassen. Der Schüler Nikolaus Bäckesieb habe sich sogar eine schwere Kopfverletzung zugezogen. Man erwarte, daß die Verantwortlichen zur Rechenschaft gezogen und disziplinarisch belangt würden.

Am Tag, nachdem dieser Brief in der Schule eingegangen war, trat die Mannschaft erneut beim Direktor an. Man habe, so lautete die neue Version, über alles nachgedacht und sei zu dem Ergebnis gekommen, noch ein einziges Mal Gnade vor Recht ergehen zu lassen. Von der Schule würde niemand verwiesen, aber kein Mitglied der Handballmannschaft dürfe je wieder repräsentativ für die Schule spielen.

Die bevorstehende Beförderung Meyer-Johanns' vom Studienrat zum Oberstudienrat wurde ausgesetzt. Und dann begannen ein halbes Jahr später die Meisterschaften im Schulhandball auf Bundesländer-Ebene. Die Ersatzmannschaft unserer Schule verlor die ersten Spiele ohne den Hauch einer Chance. Die für immer gesperrten Mitglieder des Teams wurden amnestiert. Man wollte uns eine Bewährungsprobe geben. Schließlich unterlagen wir im Endspiel nur knapp und wurden Vize-Meister. Auf der Rückfahrt spendierte Studienrat Meyer-Johanns mehrere Flaschen Sekt, mit ausdrücklicher Genehmigung der Direktion. Im Schaukasten wurde der silberne Pokal ausgestellt."

Peter Hinrichs schweigt und trinkt den letzten Schluck Kaffee, der kalt geworden ist. Die Geräusche sind verschwunden.

Der Anwalt sieht ihn mit einem langen Blick an. „Und Jansen? Hat er gepetzt oder nicht?"

Hinrichs zuckt mit den Schultern, sieht aus dem Fenster auf das gegenüberliegende Gerichtsgebäude. „Bis heute bin ich felsenfest davon überzeugt, daß er geplaudert hat. Aber es gibt natürlich keine Beweise und..."

„Mein lieber Herr Hinrichs", schüttelt der Anwalt lächelnd den Kopf, steht auf und drängt zur Rückkehr, „wenn das alles ist, brauchen Sie sich keine Sorgen zu machen. Falls Jansen sich überhaupt an die Angelegenheit erinnert, hat er keinen Grund, Animositäten gegen Sie zu hegen. Er hat Ihnen ja vielleicht gar nichts getan - und Sie haben ihm auch nichts getan, sieht man mal von diesem Spitznamen ab. Die Geschichte ist doch eher lustig. Also los, wir holen uns Ihren Freispruch ab."

Wie sie die Straße überqueren und auf das graue Gerichtsgebäude zugehen, glaubt Hinrichs, wieder Geräusche zu hören, aber es ist vielleicht nur das Fließen des Verkehrs.

Auf den Portalstufen hält Hinrichs den Anwalt am Ärmel fest.

„Die Geschichte ist noch nicht ganz zu Ende“, sagt er gepreßt und blinzelt in die Sonne. „Etwa drei Wochen nachdem wir für die Schulmannschaft gesperrt worden waren, passierte folgendes: Der Schüler Dieter Jansen wurde während eines Schulfestes von drei Unbekannten, die sich mit Karnevalsmasken getarnt hatten, in den Heizungskeller gedrängt. Dort, im Dunkeln, wurde er verprügelt. Im Verlauf dieses ungleichen Kampfes rutschte Jansen aus, vielleicht wurde er auch gestoßen, wer kann das genau sagen? Er fiel so unglücklich gegen einen Tisch, daß er sich dabei das linke Auge ausschlug. Das Geräusch dieses Sturzes klingt mir noch immer im Ohr.“

Wenn es so sei, meint der Anwalt, könne man den Richter in den Tat wegen Befangenheit ablehnen, doch Hinrichs sagt, ihm sei, während er die Geschichte erzählte, klargeworden, daß Jansen ein Urteil zu fällen, und er, Hinrichs, es anzunehmen habe.

SOLVEIGS TAGEBUCH

Es war ihm nie gelungen, eine seiner ebenso zahlreichen wie heftigen Affären in der Normalität einer sogenannten Festen Beziehung zu ordnen. Nicht, daß Fred Steinmann kein Freund des Geordneten oder Regelmäßigen gewesen wäre; vielmehr behauptete er, das Chaos in seiner Wohnung gehorche einer gewissermaßen geheimen Ordnung, und die schöne Regelmäßigkeit, mit der er beträchtliche Mengen französischen Rotweins zu trinken pflegte, verstand er als Ausdruck seines durchaus bürgerlichen Sinns für Gewohnheiten. Daß dieser Sinn im Umgang mit Frauen versagte - entweder verliebte sich Fred in kühle Schönheiten, die ihm unerreichbar blieben, oder er trennte sich nach kurzer Zeit von jenen Frauen, die von ihrem Fürsorgeinstinkt in seine verlotterten Verhältnisse gelockt worden waren -, hatte einen lebensgeschichtlichen Hintergrund, über den er sich gelegentlich in diffusen Andeutungen verbreitete, wohl auch, um allzu lästiges, ins Gesprächstherapeutische drängendes Bohren nach seinen „Bindungsängsten“ zu unterbinden: Er wartete dann mit der ebenso stereotypen wie kryptischen Verlautbarung auf, er sei „halt frankophil“, wohinter sich allerdings eine ziemlich haarsträubende Geschichte verbarg, die Fred jedem, den er für seinen Freund hielt oder zu später Stunde dazu ernannte, in strenger Vertraulichkeit mitzuteilen pflegte. Was wirklich passiert war, als er vor fast 25 Jahren als ganz junger, noch in die verschwitzten Wirrnisse der Pubertät verstrickter Mensch von einer einschlägig erfahrenen und recht reifen Französin in die Geheimnisse raffinierter Liebestechniken eingeweiht worden sein wollte, wurde nie zweifelsfrei klar, und ich vermute, daß Freds Erinnerung an dies Erlebnis im Lauf der Zeit zu einer erotischen Phantasmagorie angeschwollen war, der er, wann immer er sie zum besten gab, neue und unerwartete Wendungen gab. Jedenfalls spielten die angeblich unerhörten Genüsse dieser frühen Erfahrung eine verhindernd-verhütende Rolle in seinem Liebesleben, weil er jede neue Bekanntschaft daran maß, ob sie in ihm die gleichen Empfindungen auszulösen vermochte wie jene längst zur Legende verklärte, zur fixen Idee verflüchtigte Französin. Nach Frankreich zu fahren, um dort erneut sein Glück zu machen, weigerte er sich energisch, weil er wohl die harmonische Melodie seiner Erinnerung nicht durch die schrillen Mißtöne der Wirklichkeit ruinieren wollte.

Ich muß all dies vorausschicken, weil anders die Ereignisse, von denen ich hier berichten will, noch merk- beziehungsweise fragwürdiger erscheinen würden, als sie es sowieso waren; zu erwähnen wäre auch noch, daß kurz vor dem Zeitpunkt, da diese Ereignisse ihren verwirrenden Lauf nahmen, meine langjährige Freundin sich von mir getrennt hatte, um ausgerechnet einen Werbetexter zu heiraten, so daß der chronisch bindungsschwache Fred und ich, nunmehr wieder bindungslos, ein Herz und eine Seele waren. Das mag altmodisch klingen, bezeichnet jedoch recht gut die nahezu tragischen Verstrickungen, denen Fred und ich uns plötzlich ausgesetzt sahen, als wir uns damals, jeder auf seine Weise, in die gleiche Frau verliebten - was in einer kleinen Stadt wie Oldenburg vermutlich gar nicht so selten vorkommt. Nun ist mir natürlich das weithin verbreitete Mißtrauen bekannt, das Schriftstellern entgegengebracht zu werden pflegt, wenn sie versichern, die Wahrheit zu berichten (wobei man, nebenbei bemerkt, dies Mißtrauen mit weitaus besseren Gründen den meisten anderen Menschen entgegenbringen könnte, zum Beispiel auch Fred, wenn er sich in eine neue Version seines französischen Initiationserlebnisses verzettelte); dennoch werde ich die folgende Geschichte so erzählen, wie sie sich zugetragen hat.

Fred und ich spielen einmal in der Woche gemeinsam eine Partie Tennis und treffen uns alle vierzehn Tage mit einem dritten Mann zu einer Runde Skat; als Fred mich damals beim Tennis versetzte und sich damit entschuldigte, ihm sei „etwas Wichtiges“ dazwischengekommen, nahm ich das nicht übel, aber in der folgenden Woche erschien er auch nicht zu unserem an und für sich sakrosankten Skattermin. Als ich ihn anrief, druckste er unbehaglich herum, redete von unaufschiebbaren Terminen und behauptete sogar, das Skatspielen öde ihn ohnehin an. In dem Moment wußte ich, daß hier eine Frau die Hand im Spiel haben mußte und sagte es ihm auch auf den Kopf zu.

Einmal müsse ich es ja doch erfahren, seufzte er, wobei seine Stimme zwischen Begeisterung und Beklemmung zu schwanken schien. Aber es handele sich eben nicht um irgendeine x-beliebige Frau, sondern um *die* Frau schlechthin, seine Traumfrau, die Frau seines Lebens und so weiter und so fort.

Ich glaubte meinen Ohren nicht zu trauen. In diesem ebenso verliebten wie verunsicherten Ton hatte er noch nie von einer seiner wechselnden Freundinnen geschwärmt, und als ich, um gewissermaßen die ganze Wahrheit zu erfahren, plump nachhakte, was aber dann mit jener Französin sei, die doch stets die Inkarnation seiner Idee des Ewig-Weiblichen gewesen wäre, gab er überraschenderweise zur Antwort: Das war Kinderkram. Diesmal ist es ernst ...

Ja, es war ernst, und als ich einige Tage später Solveig kennenlernte, verstand ich Fred sofort; sie war nicht nur schön, sondern auch klug, nicht nur sexy, sondern auch humorvoll, dabei ganz uneitel, aber selbstbewußt - und die Art und Weise, wie sie Freds verliebtes Getue und Gehabe erwiderte, ließ keinen Zweifel daran, daß auch sie ihn liebte. Ich freute mich für Fred, obwohl ich nicht leugnen will, daß sein Glück mir einen Stich versetzte, und dieser Stich weitete sich zu Neid, als Solveig und Fred nach einigen Monaten ihre Wohnungen aufgaben und gemeinsam eine neue Wohnung bezogen. Fred sah ich nur noch selten, und anfangs glaubte ich, deswegen auf Solveig eifersüchtig zu sein, deren Präsenz mir meinen Freund vorenthielt. Aber es verhielt sich anders: Ich war, ohne mir dessen schon bewußt zu sein, auf Fred eifersüchtig.

Und an einem verregneten, trüben Herbstabend kam es dann zu jener Begegnung, die mich monatelang beschäftigen und in die aberwitzigsten Phantasien stürzen sollte. Ich war ins *Casablanca* gegangen, das Programmkino am Pferdemarkt, und als zwischen Werbeblock und Hauptfilm noch einmal kurz das Licht im Saal anging, klopfte mir plötzlich jemand auf die Schulter. Ich drehte mich um: Genau hinter mir saß Solveig, und als ich sie fragte, warum Fred nicht dabei sei, zuckte sie nur mit den entzückenden Achseln und machte ein bildhübsch-müdes Gesicht, aber bevor sie etwas sagen konnte, ging das Licht wieder aus und der Film begann. Welcher Film es war und wovon er handelte, weiß ich nicht mehr, weil ich augenblicklich, wie von einem Zauber berührt, in einen eigenen, träumerischen Film geriet, in dem Solveig die weibliche und ich die männliche Hauptrolle spielten. Es war der wunderbarste Film, den ich je in meinem Leben gesehen hatte, erregend und besänftigend zugleich, leidenschaftlich und zärtlich, mit einem in alle Zukunft ausgehaltenen Happy-End. Ich roch ihr Parfüm, spürte ihren Atem in meinem Nacken, fühlte ihren Blick auf meinen Schultern und war davon überzeugt, daß vor ihrem inneren Auge der gleiche oder doch ein sehr ähnlicher Film abrollte wie jener, den ich träumte. Gewiß, es war Zufall, daß wir uns in diesem dunklen Saal getroffen hatten, aber ich glaubte an die Notwendigkeit und Wahrheit des Zufalls, dessen Wege sicherer sind als jeder Plan; jedenfalls glaubte ich das in diesen zwei Stunden, glaubte es in all den Stunden, Wochen und Monaten, die folgten, glaubte es, bis Fred dann eines Nachts bei mir vor der Tür stand und der Film Wirklichkeit zu werden schien.

Als der Abspann auf der heller werdenden Leinwand versickerte, war ich davon überzeugt, Solveig und ich würden über kurz oder lang zu dem glücklichen Paar werden, als das ich uns phantasiert hatte. Und als sie einwilligte, mit mir noch einen Wein im Bistro des Kinos zu trinken, war mir alles so traumwandlerisch klar, daß ich mit ihr gar nicht mehr darüber zu sprechen hatte. Ich mußte ja nur in ihre großen, grünblauen Augen blicken, die mich aufmunternd und jedem geheimen Gedanken rückhaltlos zustimmend ansahen, um mich in der wunderbaren Gewißheit zu wiegen, daß Solveig nur zu Fred zurückkehren würde, um ihn meinetwegen zu verlassen. Als ob sie unsere wortlose Verabredung besiegeln wollte, bot Solveig mir zum Abschied ihre Wange, aber ich wagte es nicht, noch nicht, sie zu küssen, sondern beließ es in der Vorfreude auf kommende Genüsse bei einer zarten Andeutung. Sie möge Fred grüßen, sagte ich im Weggehen, und indem ich das sagte, wich meine Eifersucht auf ihn einer Mischung aus Mitleid und schlechtem Gewissen; Mitleid, weil seine große Liebe im Begriff war, zu enden - schlechtem Gewissen, weil ausgerechnet ich, sein Freund, ihm diese Liebe nahm.

In den nächsten zwei Wochen sah oder hörte ich nichts von Solveig und Fred; ich stellte mir vor, wie sie ihn langsam, behutsam, aber deutlich darauf vorbereitete, daß sie ihn wegen mir verlassen müsse, stellte mir vor, wie sie dann eines Tages vor meiner Tür stünde, wie wir in eine unendlich selige Umarmung fielen, stellte mir vor, wie wir dann gemeinsam auf Reisen gingen, sah uns an einsamen Stränden nebeneinander hergehen, auf ewig unzertrennlich und glücklich, wie noch nie ein Paar glücklich gewesen war, kostete in Gedanken die leidenschaftlichen Nächte vor, die auf uns warteten - und in dieser Vorfreude lernte ich Solveig vielleicht besser kennen, als wenn sie bereits leibhaftig um mich gewesen wäre. Gelegentlich aufkeimendes Mitgefühl mit Fred verdrängte ich: Das Leben war ohnehin ungerecht, und meine Schuld war es nicht, daß Solveigs Wahl auf mich fiel.

Seit Fred mit Solveig zusammenlebte, hatte seinen Part in unserer Skatrunde ein anderer übernommen, aber eines Abends erschien Fred wieder in unserer Stammkneipe, ein italienisches Lokal in der Haarenstraße, setzte sich an den Tisch, als wäre nichts geschehen und sagte, von nun an sei er wieder dabei. Man kann sich vorstellen, daß ich vor Erregung bebte, weil ich davon ausging, daß Solveig reinen Tisch gemacht hatte; merkwürdig war nur, daß Fred heiter, ja geradezu lustig gestimmt war und auch mir gegenüber kein scharfes Wort hören, keinen schiefen Blick sehen ließ. Als die beiden anderen Freunde nach Haus gegangen waren, saßen Fred und ich uns allein gegenüber, aber er ließ sich immer noch nichts anmerken. Ich konnte die Situation schließlich nicht mehr ertragen und fragte plump und direkt, was mit Solveig sei?

Was soll schon sein? sagte er achselzuckend und müde. Wir brauchen nur mal ein bißchen Abstand voneinander.

Wie wunderbar! wollte ich rufen, murmelte aber nur: Und ich?

Tja, sagte Fred, ich kann verstehen, daß du sauer auf mich bist. Hab dich wegen der Frau ja ziemlich vernachlässigt. Aber das ist jetzt vorbei. Sie ist jetzt erst mal 14

Tage nach Paris gefahren, und wenn sie dann wiederkommt, wird man weitersehen.

Nach Paris? Das war natürlich überraschend, aber ich verstand es so, daß sie, bevor sie Fred mit der vollen Wahrheit konfrontieren würde, sich, ihm und mir eine Art Besinnungspause geben wollte. Offensichtlich hatte sie Fred aber noch gar nichts von mir erzählt, was in Anbetracht unseres freundschaftlichen Verhältnisses vielleicht auch besser war. Er würde es noch früh genug erfahren müssen.

Zwei Wochen später trafen wir uns wieder. Diesmal konnte ich meine Neugier nicht zügeln, sondern platzte sofort mit der Frage heraus, ob Solveig zurück sei? Fred nickte nur und sah dabei bedrückt aus. Offenbar wußte er nun bereits mehr, aber noch immer ließ er sich nichts anmerken; vielleicht war ihm auch unsere Freundschaft zu wichtig, um sie einer Frau zu opfern. Aber was hieß schon *einer* Frau? Solveig war *die* Frau - und bald würde sie *meine* Frau sein. Es konnte sich jetzt nur noch um Tage handeln ...

Und so war es auch. Drei Tage danach, es war spät und ich lag schon im Bett, wo ich vor dem laufenden Fernseher eingeschlafen war, klingelte es an meiner Tür. Ich fuhr auf und wußte: Das ist sie! Rasch kämmte ich mich, fuhr in eine frische Unterhose, warf mir meinen Kimono über, den ich sonst nie anzog, weil er viel zu kühl war und ich lieber in meinem abgewetzten Frotte-Bademantel herumschlurfte, und öffnete mit bezwingendem Lächeln die Tür. Davor stand - Fred!

Ach, du bist's ... Mein Lächeln fiel zusammen.

Also erstmal moin, sagte er und zuckte etwas hilflos mit den Schultern. Ich hoffe, ich stör dich nicht. Kann ich mal reinkommen? Brauch jemanden zum Quatschen ...

Klar doch, ich dachte bloß ...

Gib mir mal 'nen Schnaps, sagte Fred, als wir uns gesetzt hatten.

Auch ich konnte einen Drink brauchen, denn was nun kommen mußte, war mir sonnenklar. Wir tranken uns zu, er lächelte, goß sich sofort ein zweites Glas ein, trank es aus, schüttelte sich wie ein nasser Hund.

Also? fragte ich etwas hilflos.

Tja, sagte er. Sie ist weg.

Und? hakte ich mit bebender Stimme nach, bist du jetzt sauer?

Ach was, er schüttelte entschlossen den Kopf. Das konnte sowieso nicht gut gehen. Irgendwie war sie gar nicht mein Genre. Sie hätte es mir nur eher und vielleicht auch anders sagen sollen, statt auf diese komische Art.

Ich verstehe nicht ..., stammelte ich und verstand wirklich nichts mehr.

Natürlich nicht, sagte er, zog eine dieser kleinen, rotschwarzen Chinakladden aus der Tasche und hielt sie mir hin. Das ist sozusagen ihr Abschiedsbrief. Lies mal.

Meine Hände zitterten, als ich die Kladde aufschlug und zu lesen begann. Alles, was ich mir in meinen Phantasien der Vorfreude ausgemalt hatte, war hier von Solveig niedergeschrieben, und zwar so, als wäre es bereits tatsächlich passiert; natürlich hatte sie in ihren Phantasien manches anders gesehen, manches weggelassen und manches hinzugefügt, was ich mir nicht zu träumen gewagt hätte, doch gab es keinen Zweifel: Zwischen uns hatte eine wunderbare, ja geradezu zauberische Übertragung stattgefunden, eine Art telepathischer Umarmung, die nur wahrhaft Liebenden widerfahren kann; und diese Umarmung, die Zeit und Raum außer Kraft setzte, hatte uns beiden im Voraus erleben lassen, was nun Wirklichkeit werden sollte. Mein Name war nicht erwähnt, und da begriff ich, daß Fred immer noch nicht wußte, daß es hier um meine Person ging. Sollte ich es ihm gestehen? Ach nein, er würde es bald erfahren, und in dieser späten Stunde, wo zwischen uns die Vertrautheit zweier guter Freunde herrschte, wollte mir die Wahrheit nicht über die Zunge. Allerdings war ich sehr erleichtert, daß Fred die ganze Angelegenheit nicht sonderlich zu belasten schien. Solveig war wohl bereits nur noch ein weiteres Steinchen im Mosaik seiner gescheiterten Beziehungen, denn nach dem dritten Glas Schnaps sagte er, tief durchatmend, daß er im Übrigen ja sowieso frankophil sei.

Von diesem Abend an wartete ich auf Solveig, wartete auf ihren Anruf oder einen Brief, aber nichts geschah. Fred und ich spielten wieder zusammen Tennis in Donnerschwee, spielten wieder miteinander Skat beim Italiener in der Haarenstraße, und ich vermied es, die Sprache auf Solveig zu bringen, was ihm offenbar sehr recht war; seit sie weg war, lebte er sichtlich auf und hatte sich auch schnell mit einer neuen Freundin getröstet. Aber eines Tages, als wir nach dem Tennis beim Bier saßen, sagte er plötzlich und ganz unvermittelt: Erinnerst Du dich noch an diese Solveig?

Ich nickte heftig in stummer Erregung.

Tja, grinste er, die ist auch frankophil geworden.

Was soll das heißen?

Sie hat mich neulich angerufen, weil sie ein paar Ohrringe in der Wohnung liegengelassen hat. Die sollte ich ihr schicken. Hab ich auch getan. Und zwar nach Paris. Sie lebt da mit einem Mann zusammen, den sie kennengelernt hat, als sie damals für 14 Tage dort war. Mit mir, sagte sie am Telefon, sei es schön gewesen. Dieser Franzose aber sei die ganz große Liebe, der Mann ihrer Träume quasi, der ganze Schmus, na ja, man kennt das. Der Mann in ihrem Tagebuch, das war der Typ. Und, bevor ich's vergesse: Sie läßt dich grüßen. Noch'n Bier?

Wir tranken. Er begann plötzlich zu kichern, und auch ich mußte lachen. Wir saßen uns gegenüber und lachten, bis uns die Tränen kamen.

KALTE NUDELN

Wer es einmal gelernt hat, saucetriefende Spaghetti so um die Gabel zu zwirbeln, daß er ohne mümmelndes Nachfassen, ohne schlürfende, schürzende Lippenvorstülpungen die verwickelte Angelegenheit vom Teller zum Mund zu führen vermag, dem kommt der beiläufig routinierte Dreh aus dem Handgelenk als Kunststück kaum noch vor. Man braucht jedoch nur Kinder bei ihren ersten, zwischen Verwirrung und Begeisterung schwankenden Spaghettiaufgabelungsversuchen zu beobachten, um sich daran zu erinnern, daß es sich hierbei sehr wohl um ein Kunststück handelt, um ein Stückchen angewandter Lebenskunst jedenfalls und allemal.

Sinnreiches Verwickeln einer Sache ist in gewisser Hinsicht immer eine Kunst, verwandt der nur scheinbar merkwürdig zufälligen Art und Weise, mit der das Leben gelegentlich Geschichten ineinander verwickelt. Der Vergleich sei an den Nudeln herbeigezogen? Keineswegs. Ich selbst habe allerdings die Entwicklung einer solchen Verwicklung, von der hier unter anderem berichtet werden soll, nicht erlebt, sondern erzählt bekommen - wobei „erzählen" nicht in dem Sinn verstanden werden darf, daß der Erzählende seine Erfahrungen im komponierten, ungebrochenen Stück, als Endlosspaghetti quasi, zum besten gegeben hätte. Diese Art des Erzählens hat zu existieren aufgehört oder fristet als schriftliche Erzählung ein Dasein im Schatten der Bücher; der in geselligen Runden gehörte, erinnerte oder später modifiziert weitererzählte Witz ist vermutlich der letzte Bodensatz der mündlichen Erzählung.

Wenn heute einer erzählt, was er erlebt, gehört oder gesehen hat, dann entsteht seine Erzählung im Dialog oder im Gespräch mit den Zuhörenden, die nachfragen, einwenden oder ihre eigenen Erfahrungen und Meinungen einflechten und somit an der Erzählung teilhaben. In den Suppen meiner Kindheit schwammen manchmal kleine Nudeln in Buchstabenform, das ganze ABC, und es ist wohl so, als verfügten die Teilnehmer eines Gesprächs, in oder aus dem eine Erzählung entsteht, über einen mehr oder weniger großen Vorrat dieser Buchstabennudeln, den sie der Flüssigkeit ihrer Rede zugeben, bis die Suppe der Unterhaltung, in der eine Geschichte gart, angerichtet ist.

Wer freilich nun - wie ich es hier tun will - eine derart gesprächsweise entstandene Geschichte wiedergibt, als wäre sie am Stück erzählt worden und die retardierenden oder anfeuernden Zwischenbemerkungen der Gesprächsteilnehmer ausscheidet, der gleicht einem, der kaltgewordene Nudeln am nächsten Tag aufbrät. Die ursprünglich recht säuberlich getrennten Zutaten und Einzelteile des Gerichts haben sich über Nacht zu einer durchgesogenen Masse verbunden und verschmelzen in der Pfanne jetzt zu einem Gericht, in dem die Erinnerungen an sein Herkommen überlagert wird von dem Geschmack des Noch Einmal - ein Geschmack, der so gar nicht gemeint war und dennoch immer wieder neu und immer wieder anders entsteht.

Kompliziert? Eigentlich nicht. Kalte Nudeln wieder aufzubraten ist so ziemlich die einfachste, sogar junggesellensicherste Kochsache der Welt, die weder Rezepte noch Überlieferungen bedarf. Bevor nun aber das Aufgebratene wiederum erkaltet, ohne serviert worden zu sein, will ich zur Sache kommen - obwohl es in der Sache um kaltgewordenen Nudeln geht und es deshalb mit der Erzählung durchaus keine Eile haben müßte. Andererseits werden beispielsweise Spaghetti, die man *al dente* plante, rasch matschig, gibt man ihnen zu viel Zeit: und da die Geschichte im

Grunde genommen mit genau diesem Problem beginnt, will ich jetzt doch lieber das Wasser der Vorrede abgießen.

Alles begann damit, daß mein Freund Jens Reitberger seinem vierzigsten Geburtstag entgegen sah. Je näher er aber diesem Datum kam, desto widerwärtiger wurde ihm das Leben im Allgemeinen, und seine eigenen Existenz empfand er zunehmend als geradezu unerträglich. Das norddeutsche Wetter deprimierte ihn, die Arbeit ging ihm nicht mehr leicht von der Hand, das Zusammensein mit seiner Freundin löste bei ihm allergische Hautausschläge aus, und selbst schnelles Autofahren, sonst eine seiner bevorzugten Entspannungsübungen, machte ihm keine Freude mehr. Als er schließlich die Spaghetti *Carbonara,* die er sonst als unnachahmlich *al dente* zu preisen pflegt, eines Abends *Bei Enzo,* unserem Stammitaliener, wild und geradezu tobend als „Matschepampe" beschimpfte, da wußte ich, daß ihm hierzulande nicht mehr zu helfen war. Insofern waren ich und die anderen Freunde und Bekannten Reitbergers auch nicht sonderlich überrascht - einige, die meisten womöglich, waren insgeheim sogar erleichtert -, als er uns wenige Tage nach dem Essen *Bei Enzo* eröffnete, alles, jedenfalls einiges, für immer, jedenfalls für einige Zeit, hinschmeißen zu wollen.

Ein entfernter Verwandter Reitbergers, soviel ich weiß, ein Vetter seines Schwagers, besaß in einem ligurischen Bergdorf einen zum Ferienhaus umgebauten Schweinestall, fuhr selbst aber nie dorthin, da ihm nach erfolgtem Umbau die Sache langweilig geworden war und er sich statt dessen in einen zu Ferienapartements umgewandelten Herrensitz in Südfrankreich eingekauft hatte (wie Reitberger mir neulich erzählte, hat dieser Verwandte inzwischen auch dies Apartement wieder verlassen, um sich am Aufbau eines Squash-Centers auf den Kanarischen Inseln zu beteiligen).

Gegen ein geringes Entgelt stellte der Verwandte Reitbergers also seine ligurische Niederlassung zur Verfügung, und Reitberger, der vor Jahren bereits einmal dort gewesen war, damals aber über die unkomfortable Weltabgeschiedenheit heftig geklagt hatte, war sich jetzt völlig sicher, in der herben Kargheit Liguriens seine Lebenskrise zu meistern, wenn nicht gar sein zukünftiges Leben dort zu verbringen.

Die Briefe, die er im ersten Monat aus Ligurien nach Oldenburg schickte, sprachen eine entsprechend euphorische Sprache, wobei Reitberger als überzeugendstes Indiz für sein wiedergewonnenes Gleichgewicht besonders und mehrfach davon schwärmte, daß und wie die ligurischen Gastronomen sich allesamt aufs Zubereiten erstklassiger *al dente*-Spaghetti verstünden, Nach knapp zwei Monaten wurden Reitbergers Rückmeldungen aus dem Land seiner Sehnsucht sporadischer, der Tonfall düsterer, bis schließlich nach Ablauf von drei Monaten nur noch vereinzelte, lieblos beschriebene Postkarten seinen Freundeskreis erreichten: die letzte an mich gerichtete Postkarte klagte über die stumpfsinnig heiße Witterung, den blödsinnig blauen Himmel und schloß mit der Bemerkung: „Spaghettikochen kann hier auch keine Sau - *Bei Enzo* sind sie besser". Da wußte ich, daß Jens Reitberger bald wieder in unserer Mitte auftauchen würde.

Und so geschah es auch. Zur Feier seines Wiedereintritts ins heimatliche Leben unter regenschweren Himmeln lud er uns zu einem Essen in seine Wohnung ein, nachdem er den englischen Gastdozenten der hiesigen Universität, dem er die Räumlichkeiten für mindestens ein Jahr überlassen hatte, mit allerlei Erklärungen von Notfällen, unvorhergesehenen Ereignissen, Katastrophen gar, hinauskomplimentiert hatte.

Wir freuten uns durchaus über Reitbergers Rückkehr und versammelten uns gut gelaunt um seinen Tisch. Er empfing uns mit der Erklärung, über seine vielfältigen italienischen Erfahrungen weniger reden, als vielmehr Taten sprechen lassen zu wollen. Heute, sagte er, zeige er uns einmal, wie man *richtig* Spaghetti *al dente* koche. Das könne hier nämlich keine Sau, nicht mal Enzo, in Ligurien aber könne das jedes Kind.

Aus Ligurien in reichlicher Menge mitgebrachter Wein wurde entkorkt und unter beifälligem Gemurmel verkostet, die Vorspeise, Tomaten mit Mozzarella und Basilikum, allseits gelobt. Während Reitberger, unterstützt von seiner Freundin, deren Anwesenheit keine allergischen Reaktionen mehr bei ihm auslöste, in der Küche hantierte, wurde die versammelte Runde, beflügelt vom Wein, immer lustiger. Reitberger, ebenfalls bestens aufgelegt, brachte, das Lied *una festa sui prati* pfeifend, eine Schüssel mit *Pesto*-Sauce auf den Tisch und verkündete nochmals, daß seine nach einem uralten und streng geheimen Familienrezept eines ligurischen Kochs zubereiteten Spaghetti *al dente* nunmehr zum Verzehr freigegeben würden. Wir riefen „bravo“ und „bellissimo“, hielten unsere Teller dem Nudeltopf entgegen, und Reitberger teilte aus. Aber schon bei der ersten Portion, die er auf einen der Teller hob, verdüsterte sich sein eben noch fröhliches Gesicht. Merkwürdig, murmelte er, da stimme etwas nicht... Den zweiten Teller füllte er wortlos und kopfschüttelnd, beim dritten verfiel er wieder in ein grüblerisches Selbstgespräch und fragte sich, ob eventuell der unterschiedliche Härtegrad des Wassers eine Rolle, eine unselige Rolle, gespielt... Schließlich verstummte er und bedeutete seiner Freundin, das weitere Austeilen der Spaghetti zu übernehmen.

Als alle zwölf Teller, von Spaghetti und Sauce dampfend, appetitlich in die Runde lächelten, erhob sich Reitberger mit einem wie schmerzverzerrten Gesicht von seinem

Platz und sagte würgend, er müsse noch einmal nach der Nachspeise sehen, aber wir möchten doch schon mit dem Essen beginnen. Das taten wir auch. Die Sauce war vorzüglich. Die Spaghetti waren eine Katastrophe: Matschepampe.

Nachdem wir zwei oder drei Bissen mit gewissermaßen spitzen Zähnen zu uns genommen hatten, sagte einer von uns ins beredte Schweigen: *al dente* also...

Das könne in Oldenburg doch sowieso keine Sau, sagte ein anderer, und die aufkeimende Mißstimmung löste sich in ein schollerndes, tobendes Gelächter auf, das durchaus nicht böse gemeint war, dem unglücklichen Reitberger aber, der sich in der Küche verschanzt hielt, wie ein Kübel voll Hohn und Spott vorkommen mußte, Nach einer halben Stunde kam er wie ein geprügelter Hund wieder an den Tisch geschlichen, ließ sich schwer auf den Stuhl fallen, blickte mit versteinertem Gesicht auf die kaum angerührten, inzwischen kalt gewordenen Nudelportionen und vergrub dann sein Gesicht in den Händen. Uns wurde schlagartig klar, daß die Stimmung schleunigst zu wenden sei, wollten wir nicht riskieren, daß Reitberger in seine eben erst gemeisterte Lebenskrise zurückfiel.

Was nun folgte, war eine konzentrierte und konzertierte Tröstungs- und Aufheiterungsaktion, die sich von eher faden Bemerkungen wie „kann doch jedem mal passieren" oder „Hunger hatte ich eh nicht" langsam zu Substantiellerem aufschwang, indem die Vorspeise gelobt, der Wein gefeiert und die Vorfreude auf die Nachspeise zu einem Hymnus seliger Erwartung wurde. Nichts half. Reitberger blieb stumm und stierte weltverdrossen auf den Teller mit den kalten, pampigen Nudeln.

Die kopernikanische Stimmungswende des Abends trat ein, als die Nachspeise, eine wunderbar gelungene Tiramisu, unter heftigem Zuspruch bis auf den letzten Rest weggelöffelt war und einer von uns erzählte, wie er seinerzeit bei den Pfadfindern in Hordentöpfen zu undefinierbarem Schleim und Brei verkochte Nudeln als Delikatesse empfunden habe. Nun ergab sich ein uferloses Assoziieren, bei dem jeder eine Anekdote oder Erinnerung über mißlungene Nudelgerichte beisteuerte; fast schien es, wie jemand bemerkte, als seien verkleisterte, matschige, wäßrige oder kalte Nudeln zu Leitfäden unserer Lebensbahn geworden. Die Stimmung wurde ausgelassen, selbst Reitberger ließ sich von der wachsenden Heiterkeit anstecken, der aus Ligurien importierte Wein ging langsam, aber sicher zur Neige, und einer von uns ließ einen mächtigen Joint mit mäßig gehaltvollem Eigenanbau in die Runde gehen. Dabei wurde ununterbrochen von den Nudeln erzählt, die in unserem Leben Epoche gemacht hatten, von den rohen, aus dunklen Speisekammern genaschten Nudeln der Kindheit, die im Mund zu einem körnigen Brei verpappten, von den Spaghettiorgien in Wohngemeinschaftszeiten, als der hemmungslose Übereinsatz von Knoblauch als kulinarischer Fanfarenstoß revolutionärer Entschlossenheit galt, von den zur Unkenntlichkeit verkochten Nudeln der Kantinen und Mensen - all das ergab eine Art kollektiver Geschichte, wobei die Beiträge der Freunde, die am Joint zogen, erst zunehmend alberner wurden, um gleich darauf und nahezu beziehungslos ins Metaphysisch-Transzendentale überzukochen, während die Nudelerinnerungsarbeit derer, die beim Wein blieben, eher bodenständig, wenn auch kaum weniger zusammenhanglos ausfiel.

Einer von uns, ich glaube, Reitbergers Bruder, rief plötzlich, wie von einer Inspiration befallen, das Wort *Miracoli* in die lärmende Runde, wiederholte, nachdem niemand den Faden beziehungsweise die Nudel aufnahm, noch einmal und nachdrücklich: *Miracoli!* Tatsächlich kehrte nun

Schweigen ein, als ob ein Zauberwort alles Gewirr gelöscht hätte. Reitbergers Bruder hatte jedoch, wie sich nun herausstellte, den Ruf *Miracoli* nicht als bloß konkret-poetisches Klang- und Lautmaterial ausgestoßen, sondern er wandte sich jetzt seinem Freund Lukas Domcik zu und forderte ihn auf, die, wie Reitbergers Bruder sagte, *Miracoli*-Arie, die Domcik vor einigen Wochen in der Kneipe erzählt habe, noch einmal wiederzugeben. Und nun und endlich entwickelte sich jene Geschichte, von deren Form ich vorhin sprach: Erlebt nur von einem, zur Sprache gebracht jedoch im Gespräch, im Zwischenfragen, Zurufen, im Vergleich mit ähnlichen Erfahrungen anderer. Was entstand, läßt sich, die Beigaben der versammelten Gesellschaft als Gewürz und Bindemittel eingerührt, in etwa folgendermaßen aufbraten:

Vor einigen Jahren, begann Domcik, hat mir ein Freund manchmal für längere oder kürzere Zeit sein Sommerhaus in der Nähe von Wiefelstede überlassen, wenn er selbst es nicht nutzte. Ich habe dann in der Ruhe dieses Hauses und seiner friedlichen Umgebung viel gearbeitet, oft aber auch nur gefaulenzt. An dem Wochenende, von dem ich erzählen will, wollte und mußte ich allerdings arbeiten, da der Abgabetermin für einen Artikel, mit dem ich mich lange lustlos herumgequält hatte, unmittelbar bevorstand oder vielleicht sogar schon überschritten war. Ich packte also meine Sachen, setzte mich ins Auto und fuhr los; da ich keine Lust hatte, noch einen Lebensmittelladen aufzusuchen, deckte ich mich an einer Tankstelle mit Getränken und Fertiggerichten ein, die ich für die drei Tage benötigen würde.

Das war im Spätsommer, Mitte September vielleicht, ganz ungewöhnlich schönes Altweiberwetter. Es war jedenfalls noch so warm, daß ich meine Schreibmaschine draußen auf der Terrasse aufstellen konnte, doch in dieser schon fast ausgeglühten Wärme, die in einem unglaublich satten Gelb durch die lichter werdenden Kronen der Birken rieselte, kündigte sich schon mehr als Ahnung denn als spürbare Realität herbstliche Abkühlung an. Manchmal, wenn der Wind sich müde regte, raschelten Blätter zu Boden, ein unscheinbares und dennoch eindringliches Geräusch, das sich ins zögernde Tackern meiner Schreibmaschine mischte und mit dem Artikel, den ich schrieb, eine merkwürdige Liaison einging, von der außer mir natürlich niemand etwas merkte und weiß und von der auch niemand etwas wissen muß. Es war auf jeden Fall eine günstige Arbeitsatmosphäre, so daß es mir gelang, den Text bis zum Mittag des nächsten Tages fertigzustellen und ich also noch anderthalb Tage zum Ausspannen hatte.

Am Nachmittag unternahm ich eine mehrstündige Wanderung durch das im Septemberlicht dösende Land. Der Mais stand überall bräunlich und schwer, die Sonnenblumen vor den Höfen neigten sich unter der Last ihrer Blüten, fielen aber noch nicht, und nur die Getreidefelder waren schon gemäht. Es herrschte diese Stimmung, von der man nicht sagen kann, ob sie so schön ist, weil sie uns melancholisch macht oder obwohl sie das tut. Als ich, wieder auf dem Rückweg, die sinkende Sonne im Gesicht, über eins der Stoppelfelder ging, stieß ich dort auf ein Getreidebündel, das wohl vom Mähdrescher gefallen war. Und der Anblick dieses vergessenen Bündels, aus dem in der Abendsonne dünne Schatten fielen, löste in mir die Erinnerung an etwas sehr Bestimmtes aus, von dem ich aber nicht wußte, was es gewesen war. Ich dachte dann auch nicht weiter darüber nach und ging weiter. Vor einem kleinen, heruntergekommenen Landarbeiterhaus mit schadhaften Dach blühten erste Astern; drei oder vier Kinder spielten auf dem staubigen Hof mit einem Hund, und als ich einen Augenblick stehenblieb, um sie zu beobachten, sah ich durch die offenstehende Doppeltür im Halbdunkel des Hauses ein weiteres Kind an einem Tisch sitzen. Auf dem Tisch stand ein Teller, und das Kind sah mit einem schmerzlichen oder sehnsüchtigen Gesichtsausdruck zu seinen spielenden Freunden hinaus. Dieser Anblick, das wußte ich plötzlich, ohne sagen zu können, wie und warum, rührte in mir die gleiche Saite an, die bereits das verlorene Getreidebündel auf dem Feld angerissen hatte, und ich kam, von einer mir unerklärlichen Trauer eingesponnen, wieder am Haus an.

Zum Abendessen wählte ich aus den Schnellgerichten, die ich mir an der Tankstelle gekauft hatte, eine Packung *Miracoli* aus. Ihr kennt das Zeug ja alle: Spaghetti, denen in gesonderten kleinen Packungen Tomatensauce, Gewürzmischung und Parmesankäse beigegeben sind. Sei es nun, daß ich in Gedanken immer noch den Zusammenhang zwischen dem Kind und dem Getreidebündel nachging, sei es, daß ungeschicktes Hantieren häufig zu Kettenreaktionen führt - jedenfalls mißlang mir die Zubereitung dieser an sich doch narrensicheren Mahlzeit so gründlich, wie mir noch kaum eine Mahlzeit mißlungen war. Die Spaghetti rutschten aus der Packung, fielen auf den Fußboden und zerbrachen, die Tomatensauce spritzte mir zur Hälfte über den Hemdsärmel, und den Parmesan riß ich so hastig und nachlässig auf, daß er sich in weitem Bogen über den Küchentisch verteilte. Als ich schließlich den Tisch gedeckt und eine Flasche Wein geöffnet hatte, wobei natürlich auch noch der Korken abbrach, waren die Spaghetti verkocht. Ich rührte alles zusammen auf den Teller und versuchte, das ungenießbare Zeug mit viel Wein herunterzuspülen. Es schmeckte aber so widerlich, daß ich es nach drei Bissen aufgab. Und als ich da vor einem Teller saß, von dem mich diese erkaltete, ekelhafte Masse hämisch anstarrte, wußte ich plötzlich den Zusammenhang, nach dem ich, ohne eigentlich systematisch darüber nachzudenken, die ganze Zeit gesucht hatte:

Ich bin allein. Ich bin ganz allein. Ich war noch nie so schrecklich allein wie in diesem großen, viel zu großen Speisesaal. Die Fenster stehen offen, die Sonne scheint. Von draußen dringt das Lachen und Kreischen der anderen Kinder zu mir. Die anderen Kinder dürfen spielen. Ich muß hier sitzen, weil ich meinen Teller nicht leergegessen habe. Die anderen Kinder haben alle ihren Teller leergegessen. Alle halbe Stunde kommt die Erzieherin herein, eine dürre, eckige Frau. Sie sieht nach, ob ich fertig bin. Nein, ich bin nicht fertig. Ich werde nie fertig werden. Vor mir steht der halb leergegessene Teller mit diesen ekligen kalten Nudeln. Das sind Würmer, Schlangen, nie zuvor gesehenes, böses Getier. Es wird mir den Bauch zerreißen, wenn ich es verschlucke. Und dann sterbe ich. Aber sonst sterbe ich auch. An Heimweh. Denn ich will nach Hause. Vom ersten Tag an, von der ersten Minute, da man mich in dies Heim gebracht hat, wollte ich nach Hause zurück. Und die Nudeln starren mich höhnisch an.

Ob ich diese Nudeln aufgegessen habe, schloß Domcik seine Geschichte - vielleicht fragte einer von uns ihn auch danach, wahrscheinlich sogar -, das weiß ich nicht mehr. Ich weiß nur, daß es einer der trostlosesten Momente meines ganzen Lebens gewesen ist.

Ihn, sagte Reitberger, habe die Geschichte getröstet. Und das, fanden wir, war unter anderem auch der Sinn der Sache.

DER MANSCHETTENKNOPF

... denn es wurde ihm bald klar,
daß in dieser Geschichte Bestandteile
enthalten waren, die auf dem Markt
keinen Absatz finden. Dies ist auch
der Grund, warum sie hier nur in
kurzen Worten wiedergegeben wurde.

Robert Louis Stevenson

Manche Geschichten sollte man sich nicht ausdenken, weil die Merkwürdigkeiten und Zufälle, denen im wirklichen Leben eine viel größere Bedeutung zukommen kann als das Alltägliche und notwendig Normale, sonst leicht für Ausgeburten einer überspannten, auf Effekte und Pointen fixierten Schriftstellerphantasie gehalten werden. Solche Geschichten passieren jedoch, und wenn man Glück hat, bekommt man sie zu hören; man stolpert hinein wie der in Gedanken versunkene Spaziergänger, der ich an jenem trüben, naßkalten Vormittag im Februar war.

Ich hatte meine Tochter früh zur Schule gefahren, und weil ich noch einige Besorgungen machen wollte, wartete ich darauf, daß die Geschäfte in der Oldenburger Innenstadt öffneten, indem ich gelangweilt und planlos im Schloßgarten herumschlenderte. Auf den Teichen schwammen mürbe Eisdecken, die im Tauwetter der vergangenen Tage den Kontakt zum Ufer verloren hatten und kaum noch die Enten und Schwäne trugen, die auf ihnen promenierten. Die Sonne stand flach und fahl, ein faustgroßer Fleck, im Dunst; Baumkronen stachen in schwarzer Nacktheit vom langsam heller werdenden Grau des Himmels ab, und manchmal trieb ein nasser Wind Nebelfetzen wie zerrissene Schleierspitzen durch die Sträucher und Rhododendron-Büsche. Im Rosengarten, wo bei warmer Witterung die Rentner und Pensionäre auf weißen Holzbänken in der Sonne dösen, machte sich ein Gärtner an den zugemulchten Beeten zu schaffen, während ein anderer Laubreste zu feucht und dunkel riechenden Haufen zusammenharkte.

Fröstelnd hockte ich mich auf eine Bank, rauchte eine Zigarette und bohrte dann mit der Hacke meines Schuhs eine flache Mulde in den Wegbelag aus Ziegelmehl, um die ausgerauchte Kippe zu verscharren. Dabei stieß der Lederabsatz knirschend auf etwas Metallisches; im ersten Moment dachte ich, es sei ein Geldstück, bückte mich und hob es auf. Der von dem feuchten Ziegelmehl ganz verschmierte Gegenstand war auch tatsächlich kreisrund und etwa so groß wie ein Markstück, aber dann merkte ich, daß es sich um eine Brosche handeln mußte, weil eine Anstecknadel daran befestigt war. Mit einem Papiertaschentuch wischte ich das Ding sauber: Eine Goldfassung rahmte einen mattschimmernden, blauen Stein, auf den die ineinander verschlungenen Buchstaben *JvD* eingraviert waren.

Ich steckte die Brosche ein, ging in die Stadt und machte meine Besorgungen. Zum Schluß holte ich bei Juwelier *Renkewiek & Söhne* meine Uhr ab, deren Glas vor einigen Tagen gesprungen war. Ich zog die Brosche aus der Tasche und erkundigte mich nach ihrem Wert. Der alte Renkewiek setzte seine Lupe vors Auge, drehte das Stück im Licht, schüttelte den Kopf und reichte es mir dann zurück.

Das ist nicht immer eine Brosche gewesen, sagte er. Die Nadel auf der Rückseite ist später angesetzt worden.

Wertvoll? fragte ich.

Nicht sehr, sagte er. Die Fassung ist allerdings hochkarätiges Gold. Und die Gravur ist ausgezeichnete Arbeit. Jahrhundertwende wahrscheinlich. Könnte in Holland gemacht worden sein.

Woran können Sie das erkennen? fragte ich.

Erfahrungssache, lächelte er mit einer Art stillem Stolz.

Und der Stein?

Jade. Chinesisch möglicherweise, oder malayisch.

Vielleicht liegt eine Verlustanzeige vor, sagte der Mann im Fundbüro und blätterte durch verstaubte Karteikarten. Das Stück ist ja exakt zu beschreiben. Schreibwerkzeuge, Schuhe, Schukostecker ... Sie glauben gar nicht, was die Leute so alles verlieren, murmelte er. So, Schmuckstücke, da müßte es beisein. Ohrringe, Halsketten, Eheringe ... Er schüttelte den Kopf. Eheringe, das müssen Sie sich mal vorstellen, Eheringe in Massen. Spangen, nein ..., Broschen, ja, hier müßte es sein.

Er zog zwei oder drei Karteikarten aus dem Kasten, überflog die Vermerke und steckte sie wieder zurück.

Na bitte, sagte er schließlich, das ist sie doch. „Kleine Jadebrosche mit Goldfassung, Gravur *JvD*", las er die Karteikarte vor. Verlustmeldung vom September letzten Jahres. Eigentümer ist eine Frau von oder van Drostum. Die wird sich freuen ...

Na schön, sagte ich und wollte gehen.

Moment noch, rief er, als ich mich schon zur Tür gewandt hatte, Ihnen steht Finderlohn zu. Wir benachrichtigen jetzt diese Frau, und wenn Sie Ihre Anschrift hinterlassen, muß sie Ihnen Finderlohn geben.

Ach, die paar Mark, sagte ich achselzuckend, wenn's wenigstens die Kronjuwelen gewesen wären ...

Dennoch hinterließ ich meine Telefonnummer, fuhr

nach Haus und dachte nicht mehr an die Sache. Aber einige Tage später bekam ich den Anruf einer gewissen Frau Büsing. Sie rufe im Auftrag Frau van Drostums an, deren Haushälterin sie sei. Frau van Drostum sei überglücklich, ihre Brosche wiederzuhaben und wolle mir Finderlohn zahlen. Ob ich nicht vorbeikommen könne, um ihn mir abzuholen?

Ich verspürte wenig Lust, für ein paar Mark in die Stadt zu fahren, um mich dann womöglich noch von einer alten Dame vollquatschen lassen zu müssen, und sagte der Haushälterin, daß ich auf den Finderlohn verzichte.

Der Finderlohn ist aber *sehr* hoch, sagte Frau Büsing.

Wie hoch denn?

Das weiß ich natürlich nicht, sagte sie. Ich weiß nur, daß diese Brosche Frau van Drostum enorm viel bedeutet und daß sie den Finder unbedingt belohnen will. Sie sollten das nicht ausschlagen.

Sehr hoch? dachte ich. So gut ging es mir tatsächlich nicht, daß ich es mir hätte leisten können, sehr hohe Beträge einfach auszuschlagen.

Also gut, sagte ich, ließ mir die Adresse geben und verabredete einen Termin in der nächsten Woche.

Ein mannshoher Gitterzaun aus Schmiedeeisen, hinter dem noch eine dichte Buchsbaumhecke stand, schirmte es von der Straße ab, und nur durch das Zauntor, das mit floralen Jugendstilornamenten üppig verziert war, konnte man von außen einen Blick auf die tief im Garten stehende Villa werfen - ein zweistöckiges Gebäude aus rotem Backstein in reinem Jugendstil, aufgelockert von Erkern und einem Wintergarten, das Dach verwinkelt und an der Frontseite so aufgezogen, daß dort Platz für eine Mansarde sein mußte. An der Messingklingel im Tor war die Hausnummer angebracht, aber kein Name. Ich drückte den Knopf, einige Sekunden vergingen, dann knackte es in der Gegensprechanlage. Die Stimme von Frau Büsing fragte, wer dort sei. Ich nannte meinen Namen, ein Summton ertönte, das Tor öffnete sich automatisch, und ich trat über einen Weg aus weißem Kies in den Garten, während sich das Tor hinter mir wieder schloß und schnalzend einschnappte.

Vor einer Stunde hatte es in nassen Flocken zu schneien begonnen, aber der Schnee blieb nicht liegen, sondern taute sofort weg, wenn er den Boden berührte; nur auf den Ästen und Zweigen der Kastanienbäume, die den Weg säumten, bildete er weiße Ränder, was dieser kleinen Allee etwas Nachdenkliches gab. In der Tiefe des Gartens, wo ich durch entlaubtes Buschwerk ein halb verfallenes Gewächshaus sah, krächzte ein Rabe. Sogleich schlug vom Haus her ein Hund an, und ich hatte das Gefühl, daß jeder meiner Schritte genau beobachtet würde.

Ich stieg die Stufen einer schön geschwungenen Steintreppe zur Eingangstür hinauf, die geöffnet wurde, bevor ich noch die letzte Stufe erreicht hatte. Eine leicht korpulente, resolut wirkende Frau um die Sechzig, die ein schwarzes Kleid mit einer weißen, spitzenbesetzten Schürze trug, empfing mich: Sie sei Frau Büsing. Frau van Drostum wolle mich in der Bibliothek empfangen; ich möge bitte folgen.

Frau Büsing führte mich durch einen geräumigen, aber recht düsteren Flur, vollgestopft mit kostbaren Antiquitäten, Sideboards, einem Mahagonie-Sekretär mit Elfenbeinintarsien, asiatischen Skulpturen und Masken, und dessen Wände dicht an dicht, Rahmen an Rahmen, mit Bildern bedeckt waren, Stiche und Gemälde, die, soweit ich das im Zwielicht und beim schnellen Vorbeigehen erkennen konnte, vorwiegend aus der Romantik stammen mußten. Die Haushälterin öffnete eine Tür am Ende des Flurs und bat mich, einzutreten. Es war ein vielleicht zwanzig Quadratmeter großer Raum, der gleichfalls düster wirkte, obwohl ein zweiflügeliges Fenster zum hinteren Teil des Gartens hinauswies, der ganz verwildert war. Das Dunkle ging wohl von der Einrichtung aus; die von Rauch und Alter fast schwarz gebeizte Holzdecke, ein kleines Sofa und zwei schwere Sessel aus dunkelbraunem Leder, dazwischen ein niedriger Rauchtisch. Die Wände des Zimmers waren zur Hälfte mit offenen Bücherregalen zugestellt, zur anderen Hälfte mit verschließbaren Bücherschränken mit Glastüren, in deren unteren Teilen Archivschubladen eingebaut waren. Auf der dem Fenster gegenüberliegenden Wand waren jedoch aus einem Bücherregal mehrere Bretter herausgenommen, und in dem freien Raum hing ein Ölgemälde mit schwerem Goldrahmen; es zeigte unter tiefem Himmel den Durchblick zwischen Dünen, hinter denen ein sturmgepeitschtes Meer rollte.

Frau Büsing wies auf einen der Sessel und forderte mich auf, Platz zu nehmen. Frau van Drostum werde sofort erscheinen. Sie müsse mich aber zuvor noch darauf aufmerksam machen, daß die gnädige Frau nicht nur sehr alt, sondern hin und wieder auch ein wenig verwirrt sei; sie rede dann recht unzusammenhängende Dinge und erzähle merkwürdige Geschichten. Ich möge bitte darüber hinwegsehen. Damit verschwand Frau Büsing, und ich setzte mich in einen der Sessel. Auf dem Rauchtischchen stand ein Silbertablett mit einem Teestövchen und zwei Tassen, Kandis und Sahne; daneben eine geöffnete Kiste mit langen Sumatra-Zigarren, ein Zigarrenschneider, Streichhölzer und ein Aschenbecher. Es war ganz still in dem Raum. Ich blickte auf das Gemälde, das wegen der Umrahmung durch das Holz des Bücherregals plötzlich wie ein Fenster wirkte, durch das man aufs Meer blicken konnte, und dann war mir fast so, als hörte ich entferntes Rauschen. Es war aber vielleicht das Geräusch des Tees, der auf dem Stövchen vor sich hinsummte.

Von der Tür, die Frau Büsing angelehnt gelassen hatte, spürte ich eine Bewegung. Auf der Schwelle, vom dunklen Holz des Türrahmens eingefaßt wie ein Bild, stand eine weißhaarige Frau, die in eine Art Sari oder Kimono gehüllt war, ein locker fallendes Gewand aus Seide, das bis auf den Boden reichte und ihre Füße verdeckte. Sie war schlank, fast hager, stand leicht vornübergebeugt auf einen Stock mit Silberknauf gestützt und musterte mich durchdringend aus grünblauen Augen; obwohl ich sie auf über neunzig Jahre schätzte, war ihr Gesicht merkwürdig glatt, fast ohne Falten und Runzeln. Ich stand auf, und als sie nun mit tastenden Schritten auf mich zukam, merkte ich, daß sie wie eine Bühnenschauspielerin sehr kräftig geschminkt war, so daß der Eindruck entstand, es mit einer anderen Person zu tun zu haben, die nur eine Rolle ausfüllte.

Guten Tag, junger Mann, ich bin Antje van Drostum, sagte sie mit heiserer, leicht kehliger Stimme und streckte mir eine Hand entgegen, die mit mehreren Ringen geschmückt war. Ich ergriff sie zu einem leichten Druck und nannte meinen Namen; die Hand war eiskalt.

Ich möge bitte Platz behalten, sagte sie, und während ich mich wieder setzte, ließ sie sich in den anderen Sessel sinken und fragte, ob ich einen Tee nähme?

Gern, ja, sagte ich, obwohl ich nicht vorhatte, mich länger aufzuhalten, und nachdem sie die Tassen vollgeschenkt hatte, hielt sie mir die Zigarrenkiste hin. Ich dankte und sagte, die seien mir zu stark; ich rauchte lieber Zigaretten.

Das sei schlecht für die Gesundheit, sagte sie, nahm eine Zigarre, schnitt sie an und entzündete sie mit einem

Streichholz, wobei sie die Spitze zwischen den Lippen rollen ließ, und stieß dann den Rauch gegen die Zimmerdecke, wo er in einem schwerfälligen Tanz verwirbelte.

Ich bin überaus glücklich, wieder im Besitz der Brosche zu sein, sagte sie jetzt, und ich konnte in ihrer Stimme Erleichterung spüren. Es handelt sich um ein unersetzliches Erbstück meiner Mutter, Frau Mareike van Drostum. Sie hat sich diese Brosche anfertigen lassen und täglich getragen, nachdem ihr Mann, mein Vater also, Johan van Drostum, gestorben war. Warum das so war, habe ich erst erfahren, als auch meine Mutter starb, denn in ihrem Nachlaß fand ich ...

Ich räusperte mich und blickte demonstrativ auf meine Armbanduhr. Das war genau die Situation, die ich vermeiden wollte und vor der mich die Haushälterin gewarnt hatte. Frau van Drostum bemerkte offenbar meine Ungeduld, unterbrach sich und zeigte mit der Hand auf ein Buch, das auf einem Regal unter dem Gemälde mit dem Seestück lag.

Darf ich Sie bitten, junger Mann, sagte sie, mir dies Buch zu bringen? Ihr Finderlohn ...

Ich stand auf und holte das Buch; es war ein Band aus einer mir unbekannten Robert Louis Stevenson-Ausgabe mit dem Titel *A Chapter on Dreams. Essays*, in flexibles, stark abgegriffenes, dunkelrotes Leder gebunden; ein schönes und gewiß seltenes Buch, aber sollte das etwa mein angeblich sehr hoher Finderlohn sein? Ich gab Frau van Drostum den Band. Sie schlug ihn auf, holte ein Lesezeichen heraus und reichte es mir über den Tisch. Das Lesezeichen war ein Scheck der Privatbank *Fortmann & Söhne*, ausgestellt in sehr klarer Handschrift über die Summe von fünftausend Mark, unterschrieben mit Antje van Drostum.

Bitte, sagte sie, das ist ihr Finderlohn.

Fünftausend Mark ..., stammelte ich, aber das ist doch

viel zu viel. Das ist ein Vielfaches dessen, was die Brosche überhaupt wert ...

Was die Brosche wert ist, unterbrach sie mich bestimmt, können Sie gar nicht ermessen, junger Mann. Jedenfalls nicht solange, wie sie die Geschichte dieses Stücks nicht kennen.

Aber ..., ich wußte nicht, was ich sagen sollte, aber das kann ich unmöglich annehmen, ich ...

Unsinn, sagte sie barsch. Setzen Sie sich wieder. Trinken Sie Ihren Tee. Rauchen Sie meinetwegen eine von ihren ungesunden Zigaretten.

Ich setzte mich, nippte an der Teetasse, zündete mir eine Zigarette an. Für fünftausend Mark, dachte ich, kann die Alte ruhig noch länger reden.

Was sind Sie von Beruf, junger Mann?

Ich, äh ... nun ja, eigentlich Schriftsteller.

Sie lächelte und nickte vor sich. Umso besser, sagte sie. Dann werden Sie das Geld brauchen. Und dann sollten Sie auch zuhören können, wenn ihnen jemand etwas zu erzählen hat.

Frau van Drostum wirkte durchaus nicht verwirrt oder senil, wie die Haushälterin angekündigt hatte, sondern eher energisch und entschieden, wenn auch auf eine fast geisterhafte, der Wirklichkeit fast schon enthobene Weise, wodurch aber ihre unglaubliche Geschichte auf einer, ich möchte sagen: höheren Ebene überhaupt erst Glaubwürdigkeit bekam. Aber vielleicht ging es in dieser Geschichte gar nicht um Glaubwürdigkeit oder Wahrscheinlichkeit, weil die irrationale Maßlosigkeit, mit der gerade die Liebe in unser geregeltes und logisches Leben greift, in solchen Kategorien nicht faßbar ist. Frau van Drostum erzählte übrigens knapp und unsentimental, eher wie das Protokoll einer längst verjährten Tat, und ich will versuchen, diesen Ton zu treffen, wenn ich ihre Geschichte hier aufschreibe.

Frau van Drostums Vater, Johan van Drostum, war der Sohn eines sehr reichen Amsterdamer Juweliers. Dieser ließ sich von seiner Frau, Johans Mutter also, scheiden, als Johan fünfzehn Jahre alt war. Da er sehr an seiner Mutter hing, blieb er bei ihr, und je mehr ihm Gerüchte zu Ohren kamen, sein Vater pflege nun wechselnde Liebschaften zu jüngeren Frauen, desto stärker verachtete er ihn und ging ihm aus dem Weg. Als Johan achtzehn war, starb seine Mutter an der Schwindsucht, aber weil er davon überzeugt war, daß sein Vater der eigentlich Schuldige an diesem Tod wäre, wurde seine Verachtung zu Haß. Um seinem Vater nicht mehr begegnen zu müssen, verließ Johan die Niederlande und ging als Juniorpartner einer Handelsgesellschaft nach Batavia, wo er mehrere Jahre verbrachte, ohne je von seinem Vater zu hören - bis ihn eines Tages ein Brief erreichte, in dem sein Vater mitteilte, daß er sich wieder verheiraten wolle; außerdem bat er Johan um Verzeihung für Fehler, die er ihm und seiner Mutter gegenüber gemacht habe. Es sei an der Zeit, sich zu versöhnen, und deshalb lade er Johan zu seiner Hochzeit ein. Johan, dessen Haß im Lauf der Jahre abgeklungen war, nahm die Einladung an und reiste mit dem festen Vorsatz, sich mit seinem Vater wieder zu versöhnen, nach Amsterdam zurück.

Die Hochzeit sollte aber nicht in der Stadt gefeiert werden, sondern auf dem Sommersitz der Familie, einem geräumigen Landhaus auf einer Nordseeinsel; das sei ein wunderbares Haus gewesen, sagte hier die Erzählerin, in dem auch sie noch ihre Kindheit verbracht habe, ein Haus, von dessen Terrasse man einen weiten Blick aufs Meer gehabt habe, und während sie das sagte, blickte sie zu dem Bild an der Regalwand, aus dem die Atmosphäre der Geschichte stärker zu strömen schien als aus den kühlen Worten der Alten. Aber, sagte sie fest, als wolle sie sich zur Ordnung rufen, dies sei nicht ihre Geschichte, sondern die ihrer Eltern und ihres Großvaters.

Dort, in jenem Haus am Meer, trafen sich also Johan und sein Vater wieder und begruben ihren Streit. Eine Woche später war die Hochzeit, und Johan lernte die Braut seines Vaters kennen, eine junge, sehr schöne Frau in Johans Alter, die eine entfernte Ähnlichkeit mit seiner Mutter hatte, und das mag der Grund dafür gewesen sein, daß Johan sich augenblicklich in sie verliebte, während der alte Haß zu seinem Vater erneut aufbrach, jetzt noch vertieft durch das Gefühl der Eifersucht. Zudem belauschte Johan auf der Hochzeitsfeier zufällig und ungewollt ein Gespräch zwischen Geschäftsfreunden seines Vaters, aus dem hervorging, daß die Braut, von Verwandten bedrängt, nur widerstrebend in die Ehe eingewilligt habe.

Gierig, das Gerücht bestätigt zu sehen, beobachtete Johan in den folgenden Wochen das Verhalten der jungen Frau, die sich seinem Vater gegenüber tatsächlich kühl, aber korrekt verhielt. Als dieser für einige Tage in wichtigen Geschäften nach Amsterdam fuhr und Johan mit der Frau allein im Haus war, machte er ihr sogar deutliche Avancen, die sie aber ebenso kühl und korrekt zurückwies, was Johans Verliebtheit befeuerte und den Haß auf seinen Vater verschärfte. Nach dessen Rückkehr ließ er sich jedoch nichts anmerken, und auch die Frau behielt Johans Annäherungsversuche für sich.

Wenig später gerieten Johan und sein Vater während eines gemeinsamen Ausritts über die einsamen Herbststrände der Insel in Streit. Der Alte hatte irgendeine beiläufige Bemerkung gemacht, die Johan an seine Mutter erinnerte und natürlich auch an die junge Frau seines Vaters. Ein Wort gab das andere, die beiden beschimpften sich gegenseitig, der Alte zerrte an Johans Kleidern und hob sogar die

Pferdepeitsche gegen seinen Sohn, und der stieß seinen Vater vom Pferd. Er stürzte das steile Dünenkliff hinunter, auf dem sie gestanden hatten, und fiel so unglücklich, daß er sich das Genick brach und sofort tot war. Johan verschwieg den Streit und behauptete, das Pferd habe gescheut und den Vater abgeworfen. Kein Verdacht kam auf. Der Tote wurde beerdigt.

Johan erbte den gesamten Besitz seines Vaters, da dieser sein Testament noch nicht zu Gunsten seiner Frau geändert hatte, und fand sich auf einmal unter einem Dach mit der Witwe wieder. Die beiden lebten sehr zurückgezogen, wie es nach Trauerfällen üblich ist, aßen am gleichen Tisch, verbrachten die langen Abende vor dem Kamin, er spielte Klavier, sie sang. Ohne daß Johan gewagt hätte, seine Liebe erneut zu erklären, freundeten die beiden sich von Tag zu Tag besser an. Manchmal aber schien ihm, als wollte sie ihn über die genauen Umstände des Todes des Vaters und Manns aushorchen, als wäre sich sich über seine Schuld klar, als beobachte sie ihn, als stelle sie ihm auf harmlose Weise gefährliche Fragen. Er schreckte vor der Freundschaft zurück, die sich zwischen ihnen ergeben hatte, wie man vor einem Abgrund zurückschreckt, der sich plötzlich öffnet, doch die Anziehung, die von ihr ausging, war so stark, daß er immer wieder und immer tiefer in die alte Vertrautheit fiel, und immer wieder schreckte er aus dieser Vertrautheit auf, wenn sie eine ihrer Fragen stellte oder dieser unerklärlich wissende Ausdruck in ihre Augen kam.

So lebten sie ein Leben zwischen unerklärter Liebe und ahnungsvollem Lauern, unterdrückter Leidenschaft und herausfordernden Blicken, bis er eines Tages beobachtete, wie sie, in einen Schleier gehüllt, das Haus heimlich verließ, zum Stall ging, aufsattelte und durch die Dünen zum Strand ritt. Er folgte ihr unbemerkt bis zu der Stelle, an der es geschehen war. Er beobachtete, versteckt hinter hohem Strandhafer, wie sie mit den Händen zwischen den Seegräsern herumtastete. Plötzlich hielt sie etwas in der Hand, was Johan nicht erkennen konnte, aber er wußte, daß es ein tödliches Beweismittel gegen ihn, den Mörder, sein mußte. Und während sie es in die Höhe hielt, um es zu betrachten, da glitt sie aus, vielleicht in der Erregung über die Entdeckung, und hing in Lebensgefahr am Rand des Dünenkliffs. Er sprang sofort auf, um sie in Sicherheit zu bringen, zog sie zurück, und dann standen sie einander gegenüber: Sie, ohne es zu verbergen, mit dem Zeugnis gegen ihn in der Hand; er, durch seine bloße Anwesenheit ein neues Glied in der Beweiskette gegen ihn. Sie wollte etwas sagen, aber das konnte er nicht ertragen. Daß seine Tat entdeckt war, konnte er ertragen, nicht jedoch, darüber mit der Frau zu reden, die er liebte, und die ihn nun hassen mußte. Er schnitt ihr das unausgesprochene Wort durch ein beiläufiges Gespräch ab, half ihr in die Steigbügel, und gemeinsam ritten sie zum Haus zurück, aßen gemeinsam, verbrachten den Abend schweigend, bis er sich ans Klavier setzte und sie sang.

Er wartete darauf, daß sie ihn anzeigen würde, aber es geschah nicht; nicht am folgenden Tag, nicht in der folgenden Woche. Ihr Leben verlief wieder im alten Gleis, nur schien sie jetzt noch freundlicher als zuvor, fast erotisch herausfordernd, und seine Ungewißheit wurde von Tag zu Tag unerträglicher, so daß er zusehends wie ein Kranker verfiel. Einmal, als sie aus dem Haus gegangen war, durchbrach er alle Zurückhaltung, durchwühlte ihr Zimmer und fand endlich das Beweisstück unter ihrem Schmuck versteckt. Da stand er und hielt das Ding, von dem sein Leben abhing, in der Hand, staunte, daß sie das Stück gesucht, gefunden, behalten und doch keinen Gebrauch davon gemacht hatte, und konnte sich ihr widersprüchliches Verhalten nur so erklären, daß sie ihn durch lange Qual bestrafen wollte. Auf einmal öffnete sich die Tür; sie war zurückgekommen. So standen sie sich noch einmal gegenüber und starrten sich wieder wortlos an, und diesmal hielt er den Beweis in der Hand. Bevor er das Zimmer verließ, in dem er das Unterste zu oberst gekehrt hatte, legte er sein Todesurteil wieder zu ihrem Schmuck; im Hinausgehen hörte er noch, wie sie ihrem Mädchen mit unglaublicher Phantasie die Unordnung in ihrem Zimmer erklärte.

Aber die Situation war unausgesprochen nicht länger zu ertragen, und es muß am nächsten Morgen gewesen sein, als er aus seiner Angst und Zurückhaltung losbrach. Sie hatten im großen, parkettierten Raum gefrühstückt, wo wenig Möbel standen und die Fenster aufs Meer wiesen, und als sich der Butler entfernt hatte, schrie er sie an: Warum sie ihn so quäle? Warum sie ihn nicht anzeige?

Aber verstehst du denn nicht? sagte sie sanft. Ich habe dich vom ersten Augenblick an geliebt.

Nehmen Sie noch einen Tee? fragte Frau van Drostum ebenso emotionslos, wie sie ihre Geschichte erzählt hatte, und nachdem wir einige Momente in die aufziehende Dämmerung des Gartens geblickt hatten.

Ja, bitte ..., murmelte ich, wie aus einem Traum erwachend. Johan van Drostum, sagten Sie vorhin, war ihr Vater. Dann war ihre Mutter also diese Frau, die damals ...

So ist es, unterbrach sie mich knapp. Und das Stück, das meine Mutter in den Dünen gefunden hatte, war ein Manschettenknopf meines Vaters, der im Streit mit seinem Vater abgerissen worden war. Als mein Vater starb, hat sich meine Mutter daraus diese Brosche fertigen lassen und sie jeden Tag getragen.

Und wer hat ihnen die Geschichte erzählt?

Niemand, sagte sie. Im Nachlaß meiner Mutter fanden sich Aufzeichnungen meines Vaters, darunter auch ein Bericht über das, was wirklich passiert war. Eine Art verspätetes Geständnis, wenn Sie so wollen.

Und was hat Sie nach Oldenburg verschlagen? fragte ich einigermaßen zusammenhanglos.

Tut das etwas zur Sache?

Nein nein, aber warum haben Sie mir das alles erzählt?

Vielleicht, weil sie das Geld nicht annehmen wollten, sagte sie. Und weil sie sonst nicht begreifen konnten, warum die Brosche unbezahlbar ist. Vielleicht aber auch, weil es eine gute Geschichte ist und weil Sie Schriftsteller sind.

Ja, sagte ich etwas benommen, jetzt verstünde ich es, steckte den Scheck ein, verabschiedete mich von Frau van Drostum, wurde von der Haushälterin hinausbegleitet, und als ich durch den Park zur Straße ging, verstand ich plötzlich, daß die Geschichte der wirkliche Finderlohn war; eine Geschichte, die man sich nicht ausdenken kann, sondern die einmal geschehen ist. Eine geschenkte Geschichte. Vielleicht würde ich sie eines Tages aufschreiben.

DIE TOTEN VOM WATT

„... Stimmen, die über der Tiefe sind."
(Theodor Storm)

1.

Wie das geräuschlose Ausatmen eines in ruhigen Träumen versunkenen Schläfers kam die Flut, strömte lautlos in die Deltalandschaften des Watts zurück, breitete dort ihr kühles, graues Tuch über die feucht und schmelzend schimmernde Ebene, füllte die zu Rinnsalen verflachten Priele wieder zu uferlosen Flüssen und bedeckte den wie Wanderdünen in Wüsten aufgekräuselten Schlick mit einer so unmerklich bewegten Glätte, daß die Fläche einem Spiegel aus Blei glich. Das weiße Schwelen der Augusthitze hatte sich an diesem Spätnachmittag zu einer Schwüle verdichtet, die so breit und brütend über Marsch und Meer lag, als wäre sie sich selbst die schwerste Last. Die Gewalt der träge auflaufenden Wassermassen verursachte keine Brise, und oben auf der Deichkrone, wo sonst sogar bei Windstille noch leise Luftbewegungen das Gras fächeln, war kein Hauch spürbar. Zwei oder drei Inseln der ostfriesischen Kette flimmerten, zu trügerischer Einheit verschwommen, am nördlichen Horizont, Traumfetzen, Erinnerungsschaum aus sehr fernen, frühen Tagen. Wenn manchmal eine Möwe schrie, war der Laut nicht grell und durchdringend, sondern er schien wie von Watte gedämpft in der Luft steckenzubleiben. Im Süden dehnten sich die durch Gräben geometrisch geäderten Marschweiden, bis ihr Grün immer heller wurde, um am Ende des Blicks vom glasigen Himmel aufgesogen zu werden. Von dort kroch Geruch stockigen Heus seewärts und mischte sich über der Schwelle des Deichs mit dem fauligen Dunst des Brackwassers und dem Gärungshauch des Schlicks. Am unteren Rand der sanft abfallenden Wasserseite, wo das Grün von den grauweißen Mustern und Schlieren des Salzes durchsetzt war, lagen auf der Deichsohle ein paar Schafe, die von weitem wie ausgeregnete Wölkchen wirkten, beim Näherkommen aber aufgedunsenem Treibgut glichen, das die letzte Flut ausgespuckt hatte.

Wir waren schon anderthalb Stunden auf dem Deich Richtung Osten gegangen, doch die Schleuse von Grodensiel war immer noch nicht zu sehen. Die Wirtin des Gasthauses in Westergrode, wo wir für die letzten beiden Tagen unserer kleinen Urlaubswoche in Ostfriesland ein preiswertes Fremdenzimmer gefunden hatten, mußte sich geirrt haben, als sie uns den Weg beschrieb und sagte, über den Deich sei es eine gute Stunde. Allerdings waren wir wegen der ungewöhnlichen Witterung sehr langsam gegangen, im Verlauf unserer Wanderung noch langsamer geworden, und irgendwann hatte ich das Gefühl gehabt, in dieser Atmosphäre überhaupt nicht vorwärtszukommen, nirgends ankommen zu können, sondern bloß schwitzend und matt auf der Stelle zu treten oder gegen eine unsichtbare, stets nachgebende Wand zu laufen. Meine Vorfreude auf ein eiskaltes Bier in der Schleusenkneipe war eben deshalb intensiv, aber je näher wir Grodensiel kamen, wenn es denn ein Näherkommen noch gab, desto unabweisbarer wurde das merkwürdige Gefühl, nicht mehr weitergehen zu wollen, sondern auf der Stelle kehrtzumachen und nach Westergrode zurückzukehren, als ob eine lautlose Drohung in der zähen Luft hing. Das war natürlich unsinnig, weil der Weg zurück genauso beschwerlich, wenn nicht noch anstrengenden, sein würde, während Grodensiel kurz vor uns liegen mußte. Etwa einen Kilometer landeinwärts sah ich ein Wäldchen oder einen größeren Garten, Bäume und Büsche und Hecken, zusammengedrängt wie eine Oase in der Eintönigkeit der Marschen, und noch einige Kilometer weiter war ein langgestrecktes, rotes Gebäude zu erkennen, offenbar ein größerer Bauernhof. Es hatte also den Anschein, daß wir unserem Ziel näherkamen.

Meine merkwürdige Ermattung steigerte sich jedoch immer noch; sie mußte mit der drückenden Hitze zusammenhängen, und ich überlegte, ob vielleicht Kreislaufprobleme eine Rolle spielen konnten. Ich wollte gerade meine Frau fragen, ob es ihr ähnlich gehe, als plötzlich ein jämmerliches Blöken aus der Richtung des Wäldchens zu uns heraufdrang. Ich wußte sofort, daß es nur ein Schaf sein konnte, und dennoch lief mir ein Schauer über den Rücken, als hätte ich einen fremden, ebenso beängstigenden wie angsteinflößenden Schrei aus einer anderen Welt gehört, und auch meine Frau war zusammengezuckt.

„Was war das?“ fragte sie fast flüsternd.

„Ein Schaf“, sagte ich. „Was denn sonst?“

Das Blöken wiederholte sich - natürlich ein Schaf. Meine Frau und ich lächelten uns an, und ich spürte, wie sie erleichtert durchatmete.

„Es klingt ängstlich“, sagte sie. „Laß und mal nachsehen.“

Wir stiegen an der steilen Landseite hinunter und gingen einige hundert Meter auf der Asphaltstraße, die am Deich entlangläuft. Zwischen den Weiden und der Straße war ein Elektrozaun gespannt. Als wir auf der Höhe des kleinen Gehölzes angekommen waren, hörten wir das Blöken zum dritten Mal, lauter, näher. Wir bückten uns unter dem Elektrodraht hindurch und gingen quer über die Marschwiese auf die Bäume und Büsche zu, die, wie wir im Näherkommen feststellten, von einer völlig verwilderten, über zwei Meter hohen Buchsbaumhecke eingefaßt wurden, über deren Rand Eichen, Birken und Weiden ihre Kronen reckten. Einige Schritte vor der Hecke verlief ein Graben, in dem faulig riechendes, mit grünen Schlieren und Entengrütze überzogenes Wasser stand. Früher mußte ein Steg hinübergeführt haben, denn auf der anderen Seite sah man noch morsche Pfeiler und zersplitterte Plankenreste im Gras liegen.

Ich schlug vor, umzukehren, aber ein erneutes, noch dringlicheres Blöken unterbrach mich.

„Es klingt wie ein ängstliches Kind", sagte meine Frau, zog sich die Schuhe aus und watete entschlossen durch den Graben. Das Wasser reichte ihr nicht einmal bis an die Knie.

Ich zog ebenfalls meine Schuhe aus, krempelte die Hosenbeine hoch und folgte ihr; das Wasser war merkwürdigerweise sehr kalt, der Schlamm, durch den meine Füße tasteten, eisig. Die Hecke schien undurchdringlich, aber als wir um das Areal herumgingen, fanden wir auf der anderen Seite einen Durchgang, der früher ein Eingangstor gewesen sein mochte, jetzt jedoch mit groben Brettern kreuz und quer vernagelt war. Neben einem der Pfosten war die Hecke lichter, so daß man sich hindurchzwängen konnte. Obwohl ich immer noch gegen meine Kreislaufprobleme ankämpfte, oder was sonst die Ursache dieser zittrigen Schwäche war, die mir weiche Knie und ein kreisendes Gefühl im Magen bescherte, gefiel mir die Situation; es war wie ein kleines Abenteuer aus den großen Sommern meiner Kindertage - und so schob ich mich mit einem Ruck durch die Hecke ins Innere, drückte die Zweige beiseite und half meiner Frau hinein.

Wir standen auf einer verwahrlosten Wiese, deren Gras uns bis zu den Hüften reichte, blaue Schlehen und dunkelgrüne, urweltliche Farne. Vor uns aber lag, wie aus dem Abgrund von Träumen oder Märchen aufgetaucht, ein verfallenes Gebäude, ein vielleicht fünf mal zehn Meter kleines Haus. Das Fachwerk aus schweren, fast schwarzen Balken war mit roten Ziegeln ausgemauert, die an vielen Stellen abgebröckelt oder ganz herausgefallen waren. Der Eingang, in dem früher wahrscheinlich eine Doppeltür gewesen war, gähnte uns leer entgegen, und auch die niedrigen Fensterhöhlen hielten weder Rahmen noch Glas; Geißblattranken, Efeu und Brombeergesträuch wuchs in sie hinein, wuchs aus ihnen heraus - es war kaum zu unterscheiden, weil das Haus unter dem Gewucher fast verschwand. Das Reetdach war an mehreren Stellen eingebrochen und überall von Moos überwachsen, Dachsparren starrten wie geborstene Rippenbögen gegen das Blau des Himmels. Plötzlich strich mit zögernden, schwer klatschenden Flügelschlägen ein Vogel neben dem Schornstein ab, stieg kreisend in die Höhe und warf Schatten über das Graugelb und Grün des Dachs. Das Ganze wirkte so irreal, so sehr aus aller Welt und Zeit gestürzt, daß wir einige Augenblicke wie betäubt davor standen, und erst das jammernde Blöken riß uns aus der Versunkenheit.

Das Schaf hatte sich mit seiner verfilzten, grauweißen Wolle in dem Brombeerdickicht zwischen rechter Hausseite und Hecke verfangen und konnte weder vor noch zurück. Es war schwierig, das Tier zu befreien, weil wir kein Messer hatten, um die Ranken zu durchtrennen, und als das Schaf endlich davontrottete und auf dem gleichen Weg, den auch wir gefunden hatten, durch die Hecke verschwand, hatten wir uns Hände, Arme und Beine blutig geschürft.

Einige Schritte vom Eingang entfernt befand sich ein aus Felssteinen grob aufgemauerter Brunnen, der mit morschen Planken abgedeckt war. Wir setzten uns auf den Rand dieses archaischen Steinkreises, blickten uns um, sahen uns an, blickten uns wieder um und wußten, daß wir dasselbe dachten: Es war das kleine Haus auf dem Land, fürs Wochenende und für den Urlaub, nach dem wir schon lange gesucht hatten. Man mußte es natürlich von Grund auf renovieren, aber dann wäre es ein Juwel.

„Das ist es“, sagte ich.

Meine Frau nickte nur.

„Laß uns mal reingehen“, sagte ich und ging auf den Eingang zu. In den Balken über dem Türsturz war eine verwitterte Inschrift eingraviert:

A.D. 1851

Tammo + Rieke Folkerts

Durch Rieke lief ein so tiefer Riß, daß ich meine Hand hätte hineinstecken können.

Zwielicht floß graugrün und ausgekühlt durch das Gemäuer, durch Fenster- und Türöffnungen brach Sonne in fahl zittrigen Streifen auf die groben Findlinge des Fußbodens. Trotz der Hitze und Trockenheit der letzten Tage war es kühl und klamm, Wasserlachen überall, und auch aus den Wänden schien Feuchtigkeit auszutreten, obwohl kein Tropfen, Sickern oder Rieseln zu hören war. Nur das Tappen meiner Schritte durchschnitt die Stille, die wie ein dichtgewebtes Tuch in diesem Raum hing. Als ich innehielt, den Kopf in den Nacken legte und zum Dach hinaufsah, drang ein Rauschen an meine Ohren, als ob man aus großer Entfernung die Brandung hört oder in eine jener Muscheln hineinlauscht, von denen es heißt, sie trügen die Stimmen des Meeres in sich. Das Gefühl, in eine Unterwasserwelt geraten zu sein; dämmriger, wie durch verschiedenfarbige Schichten gebrochener Lichtschein vom Dach die Oberfläche, während ich in Tiefen schwamm; wären Fische vor meinen Augen vorbeigeglitten, ich hätte mich nicht gewundert, und langsam schlug die Kühle in nadelscharfe Kälte um. Ich fröstelte und tappte weiter durchs Haus, das nur aus zwei Räumen bestand; einem großen mit offenem Kamin, der ehemalige Wohnraum wohl, und einem kleineren, der vielleicht die Schlafkammer gewesen war; alles leer, wie erstarrt, keine Möbel, kein Schutt, kein Müll, nicht einmal Staub, was vielleicht auf die Feuchtigkeit zurückzuführen war. Die Ziegel in den Fachwerkkästen der Außenwände sowie die Wand zwischen den beiden Räumen waren brüchig und locker, aber die Ecksteine, die Grundsteine und der Fußboden machten einen robusten Eindruck. Am Seltsamsten aber war, daß die Balken in Decken und Wänden völlig stabil wirkten und nirgends morsche Stellen zeigten. Da diese Balken pechschwarz glänzten, vermutete ich, daß sie mit einer Substanz imprägniert sein mußten, die ihren Verall verhindert hatte; die Dachsparren waren aus anderem, hellem Holz, das der Zeit nicht standgehalten hatte. Ich wollte eben über eine brüchige Stiege auf den Dachboden klettern, als ich die Stimme meiner Frau hörte.

„Hallo“, rief sie halblaut. Und noch einmal: „Hallo!“ Bleiben Sie doch da...“

Ich ging nach draußen. Es war jetzt noch drückender, oder vielleicht kam mir das nur so vor, denn der Temperaturunterschied zwischen dem Inneren des Hauses und dem Garten wirkte, als käme ich aus einer Frostnacht in eine Sauna. Meine Frau saß leicht zusammengesunken am Brunnenrand und sah mich verstört an.

„Mit wem sprichst du?“

„Ich weiß nicht...“ Sie zuckte mit den Schultern und rieb sich die Augen. „Ich muß wohl etwas eingenickt sein. Da vorn“, sie deutete auf das Brombeergestrüpp, aus dem wir das Schaf befreit hatten, „da vorn...“

„Was denn?“

„Da hat jemand gestanden und mich angesehen. Hat mich ganz merkwürdig angesehen..."

„Wer?"

„Dieser ..., ich meine, so ein Mann mit einem langen, schwarzen Ölmantel und einem Südwester, wie ihn die Krabbenfischer tragen. Sah verwirrt aus, sah aus wie..."

„Unsinn", sagte ich. „Mit Ölmantel und Südwester bei diesem Wetter? Hier ist niemand, Du hast geträumt."

„Ja", sagte sie abwesend", „ja, ja... Es ist so schwül. Ich glaube, es wird ein Gewitter geben."

Tatsächlich war im Nordwesten eine schwarzgraue Wolkenwand aufgezogen, und die Büsche und Bäume bewegten sich in der aufkommenden Brise. Der Wind legte Wellen aufs hohe Gras, so daß die Wiese grüner See in leichter Dünung glich. Die Sonne war noch nicht verdeckt, würde aber bald verschwunden sein, während der Wind zunahm und es in der Wolkenwand zu wetterleuchten begann.

„Laß und sehen, daß wir nach Grodensiel kommen", sagte ich. „Das Haus kannst du dir ein anderes Mal von innen ansehen."

Als wir den Durchschlupf in der Hecke erreicht hatten, sahen wir noch einmal zurück. Die Sonne war hinter den Wolken verschwunden, und die Szene hatte sich verdüstert. In diesem Licht verlor das Haus seinen träumerisch märchenhaften Ausdruck, schien sich in eine abgelebte, grau verschattete Melancholie zu hüllen, und die Fensterhöhlen wirkten wie Augenlöcher eines Totenschädels.

Auf der Deichkrone frischte der Wind stürmisch auf und blies uns in den Rücken. Die Flut hatte die Deichsohle erreicht und stieß in nervösen Schlägen gegen die Salzwiesen; Gischt sprühte über die Wasserflächen, es gurgelte und schäumte, während der Wind kräftig auffrischte, und als wir im Osten, wo der Himmel sich hell gehalten hatte, die

Schleusentore von Grodensiel sahen, fielen erste, schwere Tropfen. Über der See flammte ein Blitz auf, aus Richtung der Inseln rollte Donner übers Watt, und dann stürzte das Wasser wie aus Eimern gegossen vom Himmel. Innerhalb von Sekunden waren wir bis auf die Haut naß, begannen zu laufen, zu rennen, als ob uns etwas Grauenhaftes im Nacken säße. Als wir endlich die Gastwirtschaft hinter der Schleuse erreichten. tobte der Gewittersturm direkt über uns.

Wir stießen die Tür auf und standen so triefend in der niedrigen Gaststube, als habe man uns aus dem Meer gezogen. Die Dämmerung im Raum flammte ins Gelbweiße, der nachfolgende Donner ließ das Haus zittern. Hinter dem Tresen saß eine alte Frau und strickte. Als wir hereingeplatzt waren, hatte sie uns angesehen, beim Blitzschlag den grauen Kopf zwischen die Schultern gezogen und beim Donner ängstlich zur von Alter und Rauch gebeizten Holzdecke geschaut. Nun nickte sie uns freundlich zu und erwiderte unseren Gruß. Wir setzten uns an einen Tisch am Fenster, gegen das der Regen so dicht prasselte, daß draußen nur graues Fluten zu erkennen war.

Das Gewitter ziehe gleich ab, sagte die Alte und gab uns die Speisekarte. Kurz und heftig, so sei das an der Küste. Es habe ja schon den ganzen Tag danach gerochen. Der Sommer sei vorbei. Nun käme der Herbst. Ja, ja, so gehe das.

Wir bestellten Bratkartoffeln mit Matjesfilet, dazu Bier, und als das Essen auf dem Tisch stand, hörte der Regen plötzlich so schlagartig auf, wie er eingesetzt hatte. Aus Südosten verebbendes Grollen, dann brach die Abendsonne durch, fiel lang und sehr gelb über das vom Regen glitzernde Grün der Wiesen und zog spiegelnde Bahnen auf dem Wasser des Schleusentiefs. Über dem Deich spannte sich im Nordwesten ein Regenbogen, in den Abstufungen der einzelnen Farben so klar gegliedert, wie ich es nie zuvor gesehen hatte.

Während des Essens erzählte ich meiner Frau, wie das Haus von innen auf mich gewirkt hatte: Heruntergekommen, gewiß, aber das Entscheidende, die tragenden Teile der Grundmauern, auch die Balken, schienen in Ordnung zu sein. Vorausgesetzt, daß es eine Möglichkeit gab, das Haus zu kaufen, würden wir mit einem befreundeten Architekten herkommen, um abzuschätzen, ob die Sache sich lohnte. Wir nahmen uns vor, bei der Gelegenheit auch unsere Kinder mitzunehmen, die wir in dieser Woche bei meinen Schwiegereltern untergebracht hatten, und wir malten uns die Begeisterung von Marie und Till aus, wenn sie das Märchenhaus sehen würden.

Inzwischen waren einige Gäste ins Lokal gekommen, keine Fremden wie wir, sondern offenbar Nachbarn; drei jüngere Männer saßen an einem Ecktisch und spielten Skat, während zwei alte am Tresen hockten und stumm Bier und Korn schluckten.

„Wir sollten uns hier mal erkundigen, wem das Haus gehört", schlug ich vor. „Die Leute müssen es ja wissen."

Als die Alte an unseren Tisch kam, um das Geschirr abzuräumen, bestellt ich noch zwei Bier, zwei Korn, und sprach sie an. Unterwegs seien wir zufällig an das verfallene Haus geraten, das hinterm Deich in diesem verwilderten Garten liege, und wir würden gerne wissen wem es gehöre, weil...

„Tammo vom Watt", unterbrach die Alte meine Frage, setzte das Geschirr, das sie schon in der Hand gehalten hatte, wieder ab, starrte uns entgeistert an und sagte tonlos, fast flüsternd: „Sie waren bei Tammos Haus?"

„Wir wissen ja nicht, wem es gehört", sagte ich, „aber wir wüßten es gern, weil wir es vielleicht..."

„Und? Haben Sie niemanden gesehen?" fiel mir die Alte wieder ins Wort.

„Gesehen, Nein, niemanden“, sagte ich. „Wieso? Dort wohnt doch niemand.“

Die Alte wiegte den Kopf hin und her und griff wieder nach dem Geschirr. Man wisse es nicht, murmelte sie, niemand wisse es genau, und dann noch bei solchem Wetter, und damit schlurfte sie zum Tresen zurück.

„Spökenkiekerei!“ rief jetzt einer der Skatspieler, der unser Gespräch verfolgt hatte. „Alles Spökenkiekerei“ Hör bloß mit deinen alten Geschichten auf, Oma Butjes. Bring mal lieber noch ‘ne lüttje Lage, aber auf Horst sein’ Deckel.“ Er lachte, und seine beiden Mitspieler fielen scheppernd ein.

„Das geht auf meinen!“ rief ich und ging zum Skattisch. Die Spieler bedankten sich für die Einladung und prosteten mir zu.

„Wissen Sie vielleicht, wem das Haus gehört?“

„Keine Ahnung“, sagte der erste achselzuckend.

Der zweite nickte zustimmend.

„Ich denk’, das gehört zu Wiemken sein’ Hof?“ sagte der dritte halb fragend, halb feststellend.

„Ja, so ist das wohl“, nickte wieder der erste.

„Ist das der große Hof, den man vom Deich aus sehen kann?“ fragte ich nach.

„Genau, ja“, bestätigte der dritte, aber als ich noch etwas sagen wollte, rief der erste: „Achtzehn,“, der zweite sagte, „Weg“, und der dritte trompetete: „Zwanzig!“

Wiemkens Hof. Das war die Auskunft, die wir brauchten. Wir tranken aus, zahlten und wünschten einen Guten Abend. Im Hinausgehen hörte ich einen der beiden alten Männer am Tresen etwas auf plattdeutsch murmeln, was ich nicht verstand; er drehte sich auch nicht zu uns um, sondern sprach wohl mit sich selbst. Es klang wie: „Dat is ‘n Dodenhuus.“

Die Gewitterfront war über den Marschen zergangen, versprengte Wolkenfetzen wischten über den sehr bleichen Mond. Auf dem Deich ging eine frische Brise, in die sich ein feiner Biß des Herbstes mischte, auf dem gekräuselten Meeresspiegel brach sich Mondlicht zu bizarren Mustern, durch die Gräser entlang der Wasserlinie raschelte und huschte graues Geflügel, manchmal drangen die gärenden und glucksenden Geräusche des Schlamms zu uns herauf, und die Inseln mit ihren schwankenden Lichtern lagen wie Träume auf dem Schwarz der See. Die Bäume und Hecken, hinter denen das Haus sich verbarg, stachen als Scherenschnitte gegen den südlichen Himmel ab, aber dort, wo die Linie des eingebrochenen Dachfirstes sein mußte, schien es zu glimmen, ein phosphoreszierender Streifen Licht, als ob faules Holz im Dunkeln leuchtete.

2.

Die schwelenden Tage im September waren ein letztes Aufflackern gewesen, und Anfang Oktober brach der Herbst mit Gewalt ins Land; erst regnete und stürmte es zwei Wochen lang, dann brachte hoher Druck aus Skandinavien frühe Kälte mit Nachtfrösten, nebligen Morgen und sonnigen Nachmittagen, die in den frühen Abenddämmerungen wieder vom sinkenden Nebel eingesponnen wurden. Ende des Monats fanden wir einen Termin, an dem der Architekt Zeit hatte, uns für ein Wochenende an die Küste zu begleiten. Wir hatten telefonisch im Schleusengasthof von Grodensiel angefragt, ob Fremdenzimmer zur Verfügung stünden.

Eigentlich sei die Saison zu Ende, hatte die Alte gesagt, aber da wir gleich drei Zimmer belegen wollten, würde sie die ausnahmsweise noch einmal herrichten.

Bei unserer Abfahrt aus Oldenburg herrschte dichter Nebel, und die zarten Muster des Rauhreifs lagen auf allem Sichtbaren, aber als wir gegen Mittag in Grodensiel ankamen und auf den Deich stiegen, brannte die Sonne wie ein rötlicher, dann gelb und schließlich fast weiß werdender Scheinwerfer den steigenden Nebel durch. Die Inseln zum Greifen, Perlen an einer Kette aus durchscheinendem Blau. Die Marschen weiteten sich bis zu der vagen Zone, wo der Himmel in dunstigen Linien mit ihr verschmolz. Die Hecke ums Haus - ich glaube, ich sagte schon „unser Haus" - war so dicht wie damals, aber die Baumkronen hatten sich gelichtet und das verbliebene Laub tänzelte fahl im Licht.

„Herrliche Lage jedenfalls", sagte der Architekt anerkennend. „Fragt sich bloß, warum das noch niemand anderes gefunden hat. Na, wir werden sehen..."

Als wir dann im Gasthof unsere Ankunft meldeten, schien die Wirtin uns nicht wiederzuerkennen. Sie führte uns ins obere Stockwerk, wo die schlichten Gästezimmer lagen. Wir stellten das Gepäck ab, gingen in die Gaststube hinunter und bestellten Mittagessen.

„Wir waren schon einmal hier", sagte ich zu der Alten, „vor etwa einem Monat. Erinnern Sie sich nicht?"

Sie schüttelte den Kopf.

„Das war in dieser Gewitternacht", versuchte ich ihr auf die Sprünge zu helfen.

„Ja", nickte sie jetzt bedächtig, „ja, ja ... Sie haben nach Tammos Haus gefragt."

„Genau", sagte ich. „Und deshalb sind wir auch wiedergekommen."

„Wiedergekommen", echote sie, „wiedergekommen, ja, ja. Es kommt immer wieder; es geht um."

Und damit ließ sie uns am Tisch sitzen.

„Was hat sie gesagt?" wollte Till wissen.

„Ich weiß nicht", sagte ich. „Die alte Frau ist wohl etwas verwirrt."

„Was ist verwirrt?" fragte Marie.

„Sie ist nicht mehr ganz richtig im Kopf", sagte meine Frau.

„Sie sieht aber noch ganz richtig aus", sagte Marie.

„Eßt jetzt", sagte ich. „Wir wollen uns doch unser Haus ansehen. Und vergeßt nicht, eure Gummistiefel anzuziehen."

Wir hatten vereinbart, erst eine Objektbesichtigung mit dem Architekten vorzunehmen und dann auf Wiemkens Hof vorzusprechen. Falls der Architekt abraten sollte, konnten wir uns weitere Verhandlungen ersparen.

Ich fragte die Wirtin, ob man von Tammos Haus über die Weiden direkt zu Wiemkens Hof laufen könne, aber sie zuckte mit den Schultern und sagte abweisend, das wisse sie nicht. Niemand wisse es, und wenn es doch jemand wissen sollte, spräche er nicht darüber. Die Weiden seien sumpfig, fügte sie hinzu, es sei nicht geheuer dort...

Der Graben, den wir damals mühelos durchwatet hatten, war jetzt randvoll, und das Wasser würde bis weit über die Gummistiefel reichen. Also zogen der Architekt und ich Stiefel, Strümpfe und Hosen aus und trugen meine Frau und die Kinder auf die andere Seite. Das Wasser war so eiskalt, daß ich seinen Biß noch spürte, als wir bereits um das Anwesen herumgegangen waren und durch die Hecke schlüpften. Verblühte Blumen krümmten sich im frostgebräunten Gras, und an den Brombeerranken hingen blauschwarz verschrumpelt die Beeren, die niemand gepflückt hatte. Die Kinder waren begeistert und rannten über die Wiese auf den Eingang zu. Der Architekt machte uns darauf aufmerksam, daß über dem Dach ein Dunstschleier hing, und selbst aus den Tür- und Fensteröffnungen schienen stoßweise feine

Nebel ins Sonnenlicht zu strömen, als ob das Haus ausatmete. Die Kälte in meinen Beinen wollte nicht weichen, schien sogar stärker zu werden, als wir einen Rundgang ums Haus machten.

Der Boden sei trocken, bemerkte der Architekt, die Ziegel im Fachwerk ebenfalls, aber er frage sich, woher der Kondensdunst komme. Übrigens sei ihm das Grabenwasser nicht gut bekommen; seine Beine fühlten sich wie Eisklumpen an.

Im Haus hatte sich nichts verändert. Vielleicht waren die Wasserlachen auf dem Steinfußboden größer geworden. Und vielleicht war es noch kälter und klammer als damals.

„Feucht, sehr feucht", sagte der Architekt, „da ist viel Wasser durchs Dach gekommen. Aber die Balken! Ich frage mich, wie die fast hundertfünfzig Jahre stabil bleiben konnten. Das ist ein gutes Zeichen. Übrigens riecht es hier merkwürdig."

„Salz", sagte ich. „Es riecht nach Salz."

Der Architekt sog die Luft durch die Nase: „Ja, Salz. Wahrscheinlich auch Salpeter. Und noch etwas, etwas ganz anderes..."

„Mir ist kalt", sagte Till beklommen.

„Furchtbar kalt", sagte Marie.

„Geht nach draußen in die Sonne", schlug meine Frau vor. „Wir kommen gleich wieder raus."

„Fußbodenheizung", sagte der Architekt. „Das dürfte das Problem lösen. Sehen wir uns mal das Dach an."

Wir kletterten über die Stiege auf den Dachboden, breite, ungehobelte Eichenbohlen, die Dachsparren und Latten faulig, morsch, eingebrochen, das Reet hing schwer und triefend durch, aber die tragenden Balken standen so robust und exakt, als habe man sie eben erst gerichtet.

„Guter Kern", sagte der Architekt und klopfte mit der

Faust gegen einen der Balken. „Merkwürdig imprägniert. Muß eine Art Pechmischung sein. Sieht aus wie getrockneter Schlick, aber das ist natürlich unmöglich..."

„Seid doch mal still", sagte meine Frau jetzt und legte eine Hand hinters Ohr. „Hört mal. Hört ihr das nicht?

„Was denn?"

„Das Rauschen, das Rauschen ... Jetzt ist es wieder weg. Es klang wie Brandung."

„Man wird wohl von hier das Meer hören", meinte der Architekt. „Der Deich ist ja nur ein paar hundert Meter entfernt."

„Schon, aber jetzt ist doch Ebbe, und hört ihr denn nicht..."

„Mamaaa!"

Es war Till, der uns in diesem Augenblick mit seinem Schrei unterbrach. Wir kannten diese Art zu schreien gut, hatten sie aber längst vergessen; als er etwa vier Jahre alt war, hatte er einige Monate unter Alpträumen gelitten und uns nachts mit diesem Schrei aus dem Schlaf geholt. Inzwischen war er acht und schlief ohne Ängste - dieser Schrei aber kam wie aus großer Tiefe und Ferne.

„Um Gottes Willen", stieß meine Frau hervor und rief: „Ich komme, ich komme schon!" hastete die Stiege hinunter, lief aus dem Haus, und der Architekt und ich folgten ihr.

Till stand mit schreckgeweiteten Augen auf der Wiese und zeigte mit einer Hand in Richtung des Brunnens. Marie hatte sich bei den Brombeerbüschen herumgetrieben und kam jetzt angelaufen. Meine Frau schloß Till in die Arme, streichelte ihm übers Haar und klopfte ihm beruhigend auf den Rücken.

„Was ist denn los, mein Junge?"

„Da", sagte Till, „da..."

„Was ist da denn?" fragte ich, beugte mich zu ihm hinunter und sah ihn an.

„Da war jemand", stammelte er und starrte immer noch zum Brunnen. „Da auf dem Brunnen hat er gesessen."

„Wer denn?"

„Ich weiß nicht. Irgendjemand..."

Meine Frau schwieg, streichelte weiter den Kopf des Jungen, aber der Blick, den sie mir zuwarf, sprach Bände.

„Unsinn", sagte der Architekt. „Und wo ist er jetzt?"

„Weg", sagte Till.

„Marie", fragte ich meine Tochter, „hast du hier jemanden gesehen?"

„Überhaupt nicht", sagte sie schnippisch, ganz ältere Schwester, die ihren kleinen Bruder nicht für voll nimmt. „Till hat bestimmt wieder was Gruseliges im Fernsehen gesehen und..."

„Sei still", sagte meine Frau. „Ich weiß, was Till gesehen hat."

Ich gebe zu, daß mir die ganze Angelegenheit von diesem Moment an fragwürdig vorkam; ich zitterte sogar ein bißchen, aber das mochte an der Kälte in meinen Beinen liegen. Allerdings bin ich davon überzeugt, daß es für jedes noch so fragwürdige Phänomen eine vernünftige Erklärung gibt, und außerdem war ich nicht gewillt, mir die Chance, das Haus eventuell erwerben zu können, durch irgendwelche Tagträumereien nehmen zu lassen.

Ich schlug also vor, über die Weiden zum Hof zu laufen und mit dem Bauern zu sprechen. Alles Weitere werde sich finden.

„Ich weiß nicht", sagte meine Frau, „die Sache ist mir unheimlich."

„Ach was", sagte der Architekt, „verfallene Häuser haben oft so eine morbide Ausstrahlung. Wartet ab, bis wir alles im Griff haben."

Ich spürte, daß meine Frau noch etwas einwenden wollte, aber sie schwieg, und so zwängten wir uns durch die Hecke ins Freie und marschierten auf die Gebäudegruppe des Hofs zu, die rot in der Nachmittagssonne leuchtete. Je weiter wir uns von dem Haus entfernten, desto wärmer wurde es. In meine Füße und Beine schien das Blut zurückzukehren, wir konnten sogar unsere Jacken ausziehen, und Till, der anfangs bedrückt neben uns her getrottet war, summte leise vor sich hin, als wollte er sich an eine bestimmte Melodie erinnern, und plötzlich begann er mit seiner Jungenstimme dünn und brüchig zu singen:

„Wenn ut de Böm de Blaeder fallt,
so denk ik gliek an di;
so full so männi brave Jung,
un du weerst mit darbi.“

„Das ist aber ein schönes Lied“, sagte meine Frau. „Woher kennst du das?“

„Ich weiß nicht“, sagte Till.

„Er wird 's in der Schule gelernt haben“, meinte der Architekt.

„Lernt ihr in der Schule denn plattdeutsche Lieder?“ fragte ich Till.

„Eigentlich nicht“, sagte er, „ich kenn' es einfach so.“

Einfach so? Ich hatte keine Zeit mehr, über die Bemerkung des Jungen nachzudenken, denn wir hatten jetzt den Hof erreicht. Ställe, Scheunen und ein Wohngebäude aus rotem Klinker mit den typischen, weit nach unten gezogenen Ziegeldächern, faßten einen gepflasterten Platz ein. Vor einer geöffneten Stalltür luden ein etwa vierzigjähriger Mann und ein Junge große Milchkannen auf den Anhänger eines Treckers. Sie bemerkten uns erst, als wir direkt neben dem Trecker standen und Guten Tag wünschten.

„Moin“, sagte der Mann, setzte seine grüne Schirmmütze ab, wischte sich mit der flachen Hand Schweiß von der Stirn und setzte die Mütze wieder auf.

„Sind Sie Herr Wiemken?“ fragte ich. Er nickte, holte eine Zigarettenschachtel aus dem Hemd, klopfte eine Zigarette heraus und zündete sie sich an, während ich ihm unsere Gruppe vorstellte.

„Wir kommen...,“ stotterte ich und wußte nicht recht, wie ich mein Anliegen vortragen sollte. „Es geht, äh, um...“

„Sind Sie die Leute aus dem Schleusengasthof?“ unterbrach er mich ruhig.

„Ja, so ist es. Woher...“

„Und Sie kommen wegen Tammos Haus?“

Daß er bereits Bescheid wußte, war nicht überraschend in einem Dorf, das aus ein paar Höfen, einem Gasthaus und einem Edeka-Laden bestand.

„Ja“, sagte ich, „wir sind unter Umständen daran interessiert, es zu kaufen.“

Wiemken nickte vor sich hin und brummte, da seien wir nicht die ersten.

„Ach“, sagte meine Frau, und es klang gar nicht enttäuscht, „es ist also schon verkauft?“

„Leider nicht.“ Er schüttelte schwer den Kopf. Es hätten immer mal wieder Städter angefragt, und er würde es lieber heute als morgen verkaufen, aber er könne darüber nicht entscheiden.

„Gehört es Ihnen denn nicht?“

Es läge auf seinem Land, das schon, aber sein Vater, und er machte eine Handbewegung zum Wohnhaus hin, dem der Hof immer noch gehöre, wolle es nicht verkaufen.

„Und warum nicht?“

Wiemken zuckte mit den Schultern. Sein Vater behaupte, das Haus gehöre ihm gar nicht, und also könne er es auch nicht verkaufen.

„Aber wem gehört es dann?"

„Die Alten reden viel, wenn die Abende lang sind", sagte er abschätzig. „Spökenkiekerei ist das. Sie können meinen Vater selber fragen. Der wird ihnen schon was erzählen. Der erzählt allen was."

„Nun ja", sagte ich, „wenn Ihr Vater der Eigentümer des Landes ist, müßte ich sowieso mit ihm sprechen. Ist er denn zu Haus?"

Das schon, sagte Wiemken, aber er sei sehr alt, und je älter er werde, desto merkwürdiger werde er auch. Er könne zum Beispiel nachts nicht mehr schlafen, sondern schlafe nur noch tagsüber ein paar Stunden. Und zur Zeit schlafe er eben.

„Und wann kann ich ihn erreichen?"

„Ab acht Uhr. Im Schleusengasthof. Da sitzt er fast jeden Abend."

3.

Der Wind hatte gedreht und an Stärke zugenommen, trieb Wolkenfetzen vor sich her, schien mit dem vergehenden Tageslicht flüchtige Blicke zu tauschen, fuhr pfeifend um die Hausecken, rüttelte an Milchkannen und Milchtonnen, pochte gegen die Scheiben, als wollte er ein paar Worte schwatzen, blies durch Fenster- und Türritzen.

Am Ecktisch wurde wieder Skat gespielt, und auch am Tresen hockten Gäste. Wir hatten zu Abend gegessen, die Kinder oben in ihrem Zimmer zu Bett gebracht und warteten nun auf den alten Wiemken. Als er dann kam, die Tür aufzog und das Lokal betrat, rauschte ein Schwall von Sturm und Salz in den Raum und weitete ihn für Augenblicke in etwas Offenes, Unbestimmtes. Der Mann mußte weit über siebzig sein, hatte volle, weißgraue Haare, tiefe

Falten in der Stirn, wasserhelle Augen, und er ging sehr aufrecht mit festen, kurzen Schritten, stützte sich dabei jedoch auf einen Stock. Er blieb einen Moment an der Tür stehen, sah sich im Gastraum um, grüßte die Männer am Tresen und kam dann zielstrebig an unseren Tisch. Er nickte uns zu, setzte sich und winkte der Wirtin, die ihm Bier und Korn servierte.

So, so, murmelte er dann, wir seien also die Leute, die Tammos Haus kaufen wollten. Das gehe nun aber nicht. So ein Haus könne man nicht verkaufen. Man könne auch nicht darin wohnen. Abreißen könne man es aber auch nicht.

„Warum nicht?“ fragte der Architekt munter. „Man kann es mit einigem Aufwand sogar wieder sehr schön herrichten. Und abreißen, nun ja, das ist doch wohl die einfachste Übung.“

Der Alte schüttelte den Kopf. Er wolle uns gern erklären, was es mit dem Haus auf sich habe. Aber das sei eine lange und alte Geschichte, und er wisse nicht, ob...

„Hör bloß mit deinen Gruselmärchen auf, Opa Wiemken“, rief einer der Skatspieler dazwischen und vollführte mit der Hand eine Bewegung vor der Stirn, die andeuten sollte, daß der Alte nicht zurechnungsfähig sei.

„Du hältst das Maul, Klasen“, sagte Wiemken kalt und energisch. „Was wißt ihr jungen Leute denn davon? Habt nur eure Autos im Kopf und Fernsehen. Habt keine Ehrfurcht mehr; nicht mal vor den Toten. Kennt keine Geschichten mehr. Was wißt ihr denn?“

Klasen grummelte irgend etwas vor sich hin, seine Skatbrüder lachten verklemmt, aber sie machten sich wieder über ihren Ramsch her und mischten sich nicht mehr ein.

„Wollen Sie also die Geschichte hören?“ wandte sich der Alte jetzt wieder an uns, und als wir nickten, winkte er noch einmal die Wirtin heran, bestellte eine neue Runde und ließt sich eine Zigarre kommen. Er drehte sie umständlich und genießerisch im Mund, zündete sie dann an und paffte ein paar kurze, fast rauchlose Züge, bis sie richtig brannte. Dann stieß er den Rauch gegen die Decke, wo er vor der Holztäfelung zu ruhig fließenden Mustern zerging, und begann in einer merkwürdigen Mischung aus Platt und Hochdeutsch seine Erzählung, die ich hier wiedergebe, wie ich sie in Erinnerung behalten habe.

„In unserer Gegend", begann der Alte, „nannten sie ihn Tammo vom Watt, obwohl er später weit vom Deich entfernt wohnte, hinter dem Moor auf der Geesthöhe. Doch seinen Namen hatte er aus einer früheren Zeit, und es waren seltsame Dinge gewesen, die ihn vom Watt und vom Deich weggetrieben hatten. Als mein Großvater eine Junge war, hat er den alten Tammo noch erlebt, aber seine Geschichte hat mein Großvater von seinem Vater gehört. Und ich habe sie dann von meinem Großvater erfahren. - Tammos Eltern waren sehr arme Wattfischer; sie lebten in einer winzigen, mit Grassoden gedeckten Kate hinter dem alten Deich. Sein Vater ging mit Netzen aufs Watt, um Krabben zu fischen, die seine Mutter kochte und verkaufte. Ein Traggeschirr auf dem Nacken, einen schwer gefüllten Krabbenkorb auf jeder Seite, die Röcke aufgeschürzt, stapfte sie Tag für Tag über die tiefen Marschwege zur Stadt. Das war ein kümmerliches Brot und eine freudlose Kindheit für Tammo. Als er zwölf war, mußte er während der Sommer ‚zum Bauern', um zu seinem Lebensunterhalt beizutragen. Er kam weit in die Geest hinein, und auch dort war das Leben für einen schmächtigen Jungen hart. Vor Morgengrauen von den Knechten aus dem Schlaf getrieben, schlaftrunken auf die Felder, an die Arbeit, bei der es manchmal Tritte und Prügel gab. Da sehnte er sich trotz des guten Essens oft in die Kate seiner Eltern zurück, und wenn er im Herbst zurückkehrte und von fern den Deich sah, dann wußte er, wo er hingehörte. So ging das sieben Jahre lang. Dann lernte er bei einem Dorftanz Rieke Onnen kennen, die Tochter eines kleinen Heidebauern. Sie verliebten sich ineinander und wollten bald heiraten, aber der Hof des alten Onnen warf nicht genug ab, um noch eine Familie zu ernähren. Zwar war Rieke einverstanden, mit Tammo ans Watt zu ziehen und dort Krabben zu fischen, aber er liebte sie so sehr, daß er ihr es nicht zumuten wollte, in einer schäbigen Kate zu leben. Als die beiden einmal wieder auf dem Deich spazierengingen und überlegten, wie es mit ihnen weitergehen sollte, tauchte in Tammo plötzlich ein Bild aus seiner Kinderzeit auf. Er war mit seinem Vater aufs Watt gegangen, um zu fischen, und da hatte sein Vater ihm erzählt, daß seine Vorfahren reiche Bauern gewesen waren, aber ihr Land war in der großen Neujahrssturmflut untergegangen. Hier, sagte sein Vater, mitten im Watt, lagen einmal die Felder, und unter unseren Füßen liegen immer noch die verschlickten Brunnen und Fundamente der untergegangenen Höfe; Fels- und Backsteine und Eichenbalken, denen die Zeit nichts anhaben kann, weil sie im Schlick liegen. Und als Tammo sich an diese Erzählung seines Vaters erinnerte, hatte er eine Idee. Was die See seinen Vorfahren genommen hatte, das wollte er sich zurücknehmen. Er wollte die Steine und Balken aus dem Watt holen und daraus für sich und Rieke ein Haus bauen, ein richtiges, festes Haus. Von nun an sahen die Wattfischer ihn täglich mit Spaten, Axt und Brecheisen aufs Watt hinausgehen. Aber die Leute tuschelten miteinander und sagten, Tammo sei verrückt geworden. Es ist nicht gut, sagten die Alten; die See läßt sich nicht nehmen, was sie geholt hat. Und sie schüttelten den Kopf über Tammo, wenn er draußen an der Arbeit war und das Schlagen und Pochen von Axt und Brecheisen über die weiten Flächen hallte. Und im Herbst war Tammos Haus fertig. Mit seinen massigen, grauen Steinen, den alten Balken, den neuen Fenstern und

Türen und dem gelben Reetdach war es eine seltsame Mischung aus Gestern und Heute. Aber die Leute tuschelten, und der alte Schafhalter Edlefsen, der die Gabe des zweiten Gesichts gehabt haben soll, sagte: ‘As wenn se vun ‘n Doden opstahn weer.’ Tammo und Rieke heirateten und bezogen ihr Haus. Dann kam grau der Spätherbst mit Sturm, Regen und Nebel. Und manche Nacht ließ das Heulen des Sturms und der See, das durch die Schornsteine in die Häuser zog, die Leute am Watt nicht in den Schlaf kommen. Nächte waren das, in denen die Alten manchmal jene erblickten, die schon seit Jahren und Jahrhunderten draußen im Watt liegen. Dann saßen sie wach in den Betten und lauschten ängstlich in das Wehen hinaus und hörten dazwischen Stimmen, die aus großen Tiefen kommen und graue Echos in die Ecken der Häuser werfen. Auch Tammo und Rieke fuhren manchmal aus ihrem Schlaf hoch; und obwohl sie glücklich waren, weil Rieke inzwischen ein Kind erwartete, ging die Angst im Haus um. Doch nicht das Brüllen der See war daran schuld; nein, es waren geringere, leisere Geräusche. Das pickte und knarrte, pochte und klopfte, rumorte und stöhnte in den alten Steinen und Balken. Es war, als ob das Haus von den vergangenen Generationen erzählen mußte, die in seinen Teilen und Organen gelebt hatten, gestorben waren, ertrunken in großen Fluten. Am schlimmsten aber war das Tropfen. Das war die Feuchtigkeit der See, die sich jahrhundertelang in die Balken, sogar in die Steine eingesogen hatte. Jetzt nebelte und rieselte es unaufhörlich die Wände hinab und dunstete aus dem Gebälk. Und in den rauhen Sturmnächten war es, als wäre die See schon im Haus.“

Der alte Wiemken war bis hier gekommen, als wir von oben plötzlich die Kinder weinen hörten; meine Frau lief hinauf und kam dann mit Till und Marie zurück, die sich Wolldecken umgehängt hatten.

„Sie haben schlechte Träume“, sagte meine Frau.

„Das sind solche Nächte“, nickte der Alte, „in denen es umgeht. Lassen Sie die Kinder ruhig hier.“ - „Bei Tageslicht“, fuhr er fort, „sah alles freundlicher aus. Sie trösteten sich damit, die Feuchtigkeit werde verschwinden, wenn das Haus längere Zeit bewohnt und beheizt sein würde und wenn endlich der Sommer käme. Der Frühling kam, und der Sommer kam, aber die Feuchtigkeit blieb, und die Hitze erzeugte im ganzen Haus einen scharfen, salpeterartigen Geruch. Im Spätsommer, als das Kind zur Welt kommen sollte, begann Rieke zu kränkeln; ihre Wangen verloren die Farbe, ihre Gestalt fiel ein, und ein schmerzhafter Husten quälte sie. Zwei Wochen vor der Geburt erzählte der alte Edlefsen seinem Nachbarn, er habe in der Dämmerung einen Leichenzug vom Deich kommen sehen; von Tammos Haus den Weg hinauf nach dem Kirchhof zu. Auf dem Wagen hätten zwei Särge gestanden, ein großer und ein kleiner. Und Edlefsen hatte richtig gesehen. Rieke brachte ein totes Kind zur Welt und starb selbst drei Tage nach der Geburt. ‘Du harrst nicht de Kram ut de Watt halen schullt, dat hört de See un de Doden’, sagte Edlefsen zu Tammo und riet ihm, das Haus zu verlassen. Aber er wollte nichts davon hören und verfiel in Trübsinn. Wieder kam der Herbst, wieder Winter, und dann weckte ihn die See aus seinen dumpfen Träumen. In einer Sturmnacht, im Watt knatterte und krackte das Eis in schweren Schollen gegen den Deich, wurde er von dröhnendem Gedonner geweckt. Er sprang ans Fenster und meinte in seiner Schlaftrunkenheit, den Deich von Schneewehen bedeckt zu sehen, doch es waren schaumgekrönte Wellen, die mit Eis untermischt über die Kuppe tobten und gegen sein Haus brandeten. Wie durchgehende Pferde peitschte der Sturm eine Woge nach der anderen über den Deich, und Tammo wußte, daß es die Toten aus dem Watt waren, die ihr Eigentum zurückholen wollten. Wie im Wahnsinn rannte er aus dem Haus, in dem Wasser, Eis und Nebel standen. Seit jener Nacht soll er nie wieder ganz zu Verstand gekommen sein. Zwar schwand der Schrecken jener Stunden schon nach wenigen Tagen, doch wie sein Haus die Flut beschädigt überstanden hatte, so blieb auch in Tammos Gemüt etwas haften. Er konnte die See nicht mehr sehen, ohne zu zittern, und vor allem konnte er ihr Rauschen nicht mehr ertragen. Deshalb verließ er sein Haus und ging zurück in die Geest, wo er sich bei einem Bauern als Knecht verdingte. Man sagt, er habe einen der Balken mitgenommen und sich von einem Schreiner daraus einen Tisch bauen lassen; in diesem Tisch hörte er in Sturmnächten die Totenuhr ticken. Dann war ihm, als höre er merkwürdige Geschichten von alten, untergegangenen Geschlechtern, und manchmal hörte er in ihren Stimmen auch die Stimme Riekes. Am schlimmsten war es, wenn die Herbststürme kamen und das Brüllen der See bis auf die Geest zu hören war. Dann erwachte in Tammo der Wahnsinn. Nächtelang irrte er durch Geest und Heide, weg, nur weg von der See und vom Watt. Als er starb, begrub man ihn auf dem Geestfriedhof, aber manche Alten wußten, daß er dort nicht bleiben konnte, sondern in sein Haus zurückkehrte, ins Haus der Toten vom Watt. In Nächten wie dieser, wenn das Wetter umschlägt und Sturm aufkommt, geht er dort immer noch um."

Es war totenstill in der Gaststube. Selbst die Skatspieler waren verstummt und hatten seit geraumer Zeit zugehört; nur der Sturm rüttelte an den Fenstern.

„Verstehen Sie jetzt, warum man das Haus nicht verkaufen kann?" fragte Wiemken.

Wir nickten stumm.

„Für die, die schlafen können, ist es nun Zeit", sagte er ruhig und leerte die Neige in seinem Glas. „Gute Nacht."

INS BLAUE & ANDERSWO HIN

Weiße Schäfchenwolken, die ins Blaue ziehen - gut möglich, daß mir die Welt da draußen so frisch und blankgeputzt erschien; möglich freilich auch, daß der norddeutsche Himmel grau und niedrig hing, als meine ersten Blicke als Reisender ihn trafen. Das Gesichtsfeld war klein, gerahmt von den geflochtenen Rändern des Kinderwagens, der weiß und schön geschwungen war wie ein Schwan. Solche weichen, runden Linien standen im tröstlichen Kontrast zur Zeit, die von den mageren Erwachsenen als hart und schwer bezeichnet wurde, Jahre des Mangels, des Behelfs und Ersatzes. Das Schwelgen im Rundlichen war in den frühen fünfziger Jahren wohl eine warenästhetische Vorahnung der aufgehenden Wirtschaftswundersonne; das Design trug schon lange vor der Freßwelle Wohlstandsbäuche - nicht nur der Kinderwagen, in dem ich reiste oder, genauer gesagt: gereist wurde, sondern auch höherentwickelte Transportvehikel wie der VW-Käfer, der Ford „Buckel", der drollige Messerschmidt Kabinenroller und auch die Motorräder.

Wenn ich, dem Kinderwagen bald entstiegen, mit meinem klappernden Holzroller unser Viertel zwischen Ofener Straße und Botanischem Garten, St. Peter-Kirche und Ammerländer, bereiste und mich in Lack und Chrom gespiegelt sah, mögen mich Ahnungen berührt haben, daß man mit diesen blitzenden Wundermaschinen, die damals so selten waren wie heute ein Pferdefuhrwerk, wahrscheinlich noch viel weiter kommen konnte als von Straßenecke zu Straßenecke. Und eines Tages beobachtete ich staunend, wie ein Nachbar sein Motorrad mit Taschen und Bündeln belud; den Seitenwagen des Motorrads bestieg die Frau des Nachbarn, beide schoben sich die Schutzbrillen vom Helm auf die Augen und knatterten unter Fehlzündungen in einer Abgaswolke davon. Die fahren nach Italien, sagte mein Vater. Nach Capri. Zum Camping. Und zum Beweis erhielt die gesamte Nachbarschaft von diesen Pionieren nachkriegsdeutscher Italiensehnsucht wenig später Ansichtskarten, auf denen ein glühender Sonnenball über schroffen Klippen im blauen, ach so blauen Meer versinkt.

Doch statt uns von Neid und ungestilltem Fernweh überwältigen zu lassen, schmierte meine Mutter ein paar Butterbrote, füllte die Thermoskanne mit Tee, und los ging's mit Fahrrädern zu einem Sommersonntagsausflug in die nähere Umgebung. Mein Bruder hockte auf dem Kindersitz vor meinem Vater, ich auf dem vor meiner Mutter, der Fahrtwind blies uns ins Gesicht, manchmal prallten mir Insekten gegen Nase und Wangen, meine Mutter sang vielleicht „Wohlauf in Gottes schöne Welt“, und nach einer Rast im Gras am Straßenrand hatten wir auch bald - zum Beispiel - das Nordseebad Dangast erreicht. Bei Ebbe buddelten wir im Schlick, bei Flut plantschten wir im flachen Wasser des Jadebusens herum, dem Wasser der Nordsee also, die auch die Insel Wangerooge umspült, zu der schon bald meine erste, echte Ferienreise führte.

Während das Heck noch das satte Grün des ostfriesischen Deichs zu berühren schien, streifte der Bug bereits die prilzerklüfteten Salzwiesen im Süden der Insel. Zwischen der mit Holzstangen und Birkenstämmen abgesteckten Fahrrinne zog die Fähre - damals erschien sie mir riesig: Ein Ozeandampfer, mit dem man bis ans Ende der Welt hätte fahren können. Es gibt ein Foto, auf dem einer der freundlichen Matrosen mir seine Mütze aufgesetzt hat und mich auf dem Arm hält. Einen Schiffsjungen wie dich, scheint sein Lachen zu sagen, können wir immer brauchen. Am Inselanleger ging das Abenteuer weiter, denn dort erwartete uns die Inselbahn mit der kleinen Dampflok. „Rasender Elias“ wurde sie genannt. Die Fähre tutete zum Abschied mächtig aus ihrem Nebelhorn, die Lokomotive pfiff das Willkommen, zog an, die Waggons mit den Holzsitzen ruckten, dann schunkelten wir auf dem Damm durch die Salzwiesen zum Insel-Bahnhof, der adrett wie die nur unwesentliche Vergrößerung eines Häuschens von einer Modelleisenbahn-Anlage wirkte. Über seiner Uhr prangte die Inschrift „Kehre wieder“. Und da waren wir dann ja auch. Ferienzeit zwischen Leuchtturm und Westturm, zwischen Watt und Brandung: Wangerooge. Schnappschüsse, die im Fotoalbum meiner Eltern kleben: Mein Bruder und ich beim Bau einer Sandburg; Schaufel und Eimer und aufblasbarer Wasserball, rot-gelb-grün muß er gewesen sein - das bricht noch durch das vergilbende Schwarz-Weiß der alten Bilder. Mein Vater lacht und legt meiner Mutter den Arm um die Schulter. Und über dem Kopf meiner Mutter flattern die Fahnen der Strandpromenade. Weiß ich das wirklich noch? Das und all das andere aus diesen versunkenen Jahren? Wie sind die Beziehungen zwischen Bild und Leben, zwischen Vorstellung und dem, was wirklich geschah? Vielleicht haben die alten Fotos von uns eine unendlich dünne Haut abgezogen und diese dann zu Bildern entwickelt? Vielleicht arbeitet unser Blick nicht anders, und die Erinnerungsbilder, die in der Dunkelkammer unseres Vergessens auf Belichtung warten, sind keine leeren Vorstellungen, sondern feine Substanzen mit einer Art geisterhaft unkommandierbarem Eigenleben? Noch weitaus feiner als der Sand, durch den wir barfuß liefen, dem Wasser entgegen. Im fröhlichen Gewimmel auf der Haupstraße schieben wir unseren Bollerwagen zum Strand, in dem sich Handtücher, Spielsachen, Sonnencreme und ein Picknick befinden. Mein Vater grüßt den Lehrer, der uns gestern mit einer Touristengruppe durchs Watt geführt hat. Das Klinkerplaster glüht, alles ist hell, Inselsommer eben - und plötzlich der muntere Singsang: „Hallo, ein Sonnenfoto! Von Ungermann." Wir drehen uns um. „Der Kleine etwas mehr zur Mutter bitte, so, und lächeln, und danke." Ungermanns Fotograf, ein Original, das in den 50er Jahren Hochkonjunktur hatte, als Kameras noch nicht zur Reise-Standardausrüstung gehörten. Mein Vater hatte seinen eigenen Apparat, aber ein Sonnenfoto von Ungermann gehörte zu Wangerooge wie Leuchtturm und Westturm, wie Brandung und Strand.

Doch blieben solche Reisen, die durch die Überfahrt mit dem Schiff etwas Exotisches bekamen, einstweilen Ausnahmen von der Regel, daß ich die Ferien zu Hause oder bestenfalls bei Verwandten verbrachte. Diese sogenannten Sommerfrischen begannen damit, daß meine Mutter feststellte: Der Junge braucht mal Luftveränderung - aber dann war es am Ende doch nur ein Tapetenwechsel, denn bei Onkel und Tante im Sauerland passierte kaum etwas anderes als zu Hause in Oldenburg. Immerhin kam es zum erregenden Abenteuer einer Bahnfahrt! Wenn der Lautsprecher auf dem Bahnsteig das Einlaufen des Zuges ankündigte und dazu aufforderte, von der Bahnsteigkante zurückzutreten, wenn das schwarze Ungetüm von Lokomotive zischend und schnaubend alles in weißen Dampf hüllte, wenn wir Plätze im Abteil gefunden hatten und auf dem gegenüberliegenden Gleis ein Zug abfuhr, so daß man das Gefühl hatte, selber bereits zu fahren und die Erwachsenen dann regelmäßig mit dem Scherzchen aufwarteten: Vorsicht am Zuge, der Bahnsteig fährt ab, wenn der Zug sich dann schließlich ruckend und zuckend in Bewegung setzte und, wie im Lied, aus grauer Städte Mauern hinaus durch Wald und Feld zog - dann, ja dann, konnte, wer eine Reise tat, am Ende zumindest erzählen, daß er eine Bahnfahrt gemacht hatte.

Hoch überm grauen Band der Straße griff das Geäst der Chausseebäume ineinander, bildete einen grünen, lichtgesprenkelten Tunnel; die Naben tickten gleichmäßig, die Reifen surrten auf dem Asphalt; die Gepäckträger der Fahrräder waren mit Satteltaschen und Rucksäcken schwer bepackt, und einer von uns hatte sich die Wimpelstange so hinter dem Sitz befestigt, daß der bunte Fahnenstoff im Fahrtwind knatterte. Wir sind das Fähnlein Sankt Markus des Bund Neudeutschland, kurz ND, ein katholisches Konkurrenzunternehmen zur protestantisch dominierten Pfadfinderschaft. Wir tragen lindgrüne, paramilitärische Hemden mit Achselklappen und aufgesetzten Brusttaschen, Fahrtenmesser an den Gürteln, und manch eines der mitgeführten Kochgeschirre hat noch vor 20 Jahren unseren Vätern gedient, in Rußland und anderswo. Doch unsere Fahrt ist friedlich und führt uns lediglich ins große Pfingstzeltlager an den Dümmer See, das wir nach einigen Stunden mit schmerzenden Schenkeln, verkrampften Waden und wunden Hintern erreichen. Andere Fähnlein sind bereits da, manche treffen nach uns ein, aber wir finden für unsere Kote noch einen guten Platz, schlagen das Rundzelt mit dem Rauchloch auf und packen Luftmatratzen und Schlafsäcke aus. Das Lager gruppiert sich um das gemeinsame Küchenfeuer, über dem in verrußten Hordentöpfen Nudeln, Suppen und Eintöpfe abgekocht werden, zu denen es Bundeswehrschwarzbrot aus Dosen gibt, sogenannte Panzerplatten. Und zum Frühstück gibt es Panzerplatten mit Mehrfruchtmarmelade aus einem 10-Litereimer, dazu Malzkaffee, genannt Muckefuck. Unter Anleitung unseres geistlichen Oberhirten, eines berufsjugendlichen Paters, wird aus Birkenstämmen ein Lageraltar errichtet, an dem morgendliche Messen und abendliche Andachten gehalten werden. Die weltlicheren Aktivitäten des Lagers bestehen aus allerlei Leibesertüchtigungen, die nach einigen Tagen verschwitzten Trainings in Form einer Lagerolympiade ihren Höhepunkt finden. Wichtiger noch als der Sport ist freilich das Holzsammeln in den umliegenden Wäldern, denn erst, wenn die Dunkelheit fällt, findet das Pfingstlager des ND so recht zu sich selbst. Man schart sich zum Essenfassen ums Küchenfeuer, und dann beginnt das Ritual des Lagerfeuers. Begleitet von schrammelnden Klampfen und jammernden Mundharmonikas grölen wir uns durch „Wir lagen vor Madagaskar“, beschwören mit „Hava Nagila“ unsere weltoffene Internationalität und versinken spätestens mit „Wildgänse rauschen durch die Nacht“ in einem beseligend-nebligen Wir-Gefühl. Falls unsere Führer, die wirklich „Führer“ genannt werden, keine Nachtwanderungen oder nächtlichen Mutproben anberaumt haben, folgt jetzt die Bett- beziehungsweise Schlafsackruhe. Der Pater spricht noch ein kerniges Gebet, aus dem hervorgeht, daß Jesus einer von uns ist und, Glaubensstandfestigkeit vorausgesetzt, sozusagen geduzt werden darf. Dann werden Lagerwachen eingeteilt, die im Zwei-Stunden-Rhythmus unseren Schlaf behüten. Heute herrscht sogar höchste Alarmstufe, haben unsere Späher doch nur wenige Kilometer von uns entfernt ein protestantisches Pfadfinderlager ausgemacht, und mit einem Überfall der ketzerischen Konkurrenz ist jederzeit zu rechnen. Und es kommt, wie es kommen muß: Als die Wachen Alarm brüllen, ist unsere Kote bereits eingestürzt und der Wimpel vorm Eingang als Trophäe erbeutet. Im Mondlicht ergeben sich noch einige fruchtlose Raufereien, aber der protestantische Feind entkommt mit mehreren Wimpeln und einem Suppentopf. Morgen Nacht, die Sache ist beschlossen, wird unser Gegenstoß erfolgen. Denn ein Gesetz der großen Fahrt lautet bekanntlich: Rache ist Blutwurst.

Während ich mich im Zwielicht einsetzender Pubertät

als jugendbewegter Radwanderer noch an solchen nächtlichen Auseinandersetzungen beteiligte, war inzwischen die Sonne des Wirtschaftswunders längst aufgegangen. Ihr warmer Schein konkretisierte sich Anfang der Sechziger Jahre im elfenbeinfarbenen Lack des ersten Autos, das mein Vater erstand. Es handelte sich weder um den allseits milde belächelten Leukoplastbomber der Marke Lloyd, der gewissermaßen die Westversion des Trabis „von drüben" darstellte, noch um eine der barock-verspielten Limousinen der windigen Borgward-Werke, sondern selbstverständlich um einen als solide, vernünftig und mithin einer vierköpfigen Beamtenfamilie perfekt angemessen geltenden VW-Käfer - freilich bereits das revolutionäre Modell mit der sogenannten großen Heckscheibe. Der Wagen kostete die stolze Summe von Fünftausend Mark und stellte somit eine Investition dar, die regelmäßig gewaschen und poliert werden mußte - das umso mehr, als nun auch bald eine automobile Ferienreise in Aussicht gestellt wurde, die alles in den Schatten stellen würde, was ich bislang in dieser Hinsicht erlebt hatte. Die Reise war nicht nur weit, sondern sollte sogar ins Ausland führen; zwar nicht gleich ganz bis Italien, was meinen Eltern vermutlich allzu frivol erschien, aber immerhin nach Österreich. Und so wurde dann eines Tages der winzige Stauraum unter der Kühlerhaube und der als Kofferraumersatz fungierende Gepäckschacht hinter der Rückbank mittels einer generalstabsmäßigen Planung mit unseren Habseligkeiten vollgepackt, wobei mein Vater um jeden Millimeter rang, und die sperrigeren Gepäckstücke fanden auf einem Dachgepäckträger Platz. Schließlich steckte meine Mutter rasch noch ein frisches Sträußchen Maiglöckchen in die Blumenvase am Armaturenbrett, und wir tuckerten los. Das Autobahnnetz jener Jahre hatte längst noch nicht die flächendeckende Totalität der Gegenwart erreicht, so daß der inzwischen nicht nur für zuverlässig, sondern gewissermaßen haustiergleich für „treu“ gehaltene VW einen Großteil der Strecke über gute, alte Landstraßen dahinschnurrte. Am Abend erreichten wir Oberbayern, übernachteten in einem preiswerten Gasthaus, überquerten am nächsten Tag die Grenze, ein Vorgang, den ich als ungeheuerliche Erweiterung meines Erfahrungsraums in Erinnerung habe, und erreichten schließlich unser Urlaubsdomizil, eine Familienpension in Kärnten. Hier hieß der Kuchen Mehlspeis' und die Pfifferlinge hießen Schwammerln - ja, wir waren wirklich im Ausland.

Anfangs nahmen unsere Lehrer den alljährlichen Wandertag so wörtlich, daß die Freude über den Ausfall des Unterrichts abends durch die Blasen an den Füßen schmerzlich gedämpft wurde, nachdem wir zu Sehenswürdigkeiten der näheren Umgebung marschiert waren, die unsere Lehrer für Unentbehrlichkeiten zeitgenössischer Heimatkunde hielten. In späteren Jahren kam es freilich immer häufiger zu Extravaganzen wie einer Busfahrt nach Köln, legitimiert durch eine dortige Ausstellung über „Die Römer am Rhein“, und sogar einer kombinierten Bus-Schiffsreise nach Helgoland, legitimiert durch die geologische Formation der roten Sandsteinfelsen und den Ursprungsort des Deutschlandlieds. Uns Schüler, die wir damals 17 oder 18 waren, interessierte die Insel eher als Ursprungsort zollfreier Alkoholika und Zigaretten, deren Erwerb aus pädagogischen Gründen streng untersagt war und eben deshalb in reichlichen Mengen erfolgte, so daß auf der Rückreise nicht mehr zweifelsfrei festzustellen war, ob wir an Seekrankheit litten oder bereits zu tief in die zollfreien Flaschen geschaut hatten.

Eine Wanderfahrt gehorchte also anderen Gesetzen als die sogenannten Klassenreisen. Als Dreizehnjährige hatte uns eine Klassenreise zwei Wochen in ein Schullandheim auf

Juist geführt; der Zweck dieses Aufenthalts lag offenbar darin, uns Geographie, Fauna und Flora der Insel ans Herz zu legen, bestand unsere Haupttätigkeit doch in unendlichen Wanderungen über Strände, Dünen und geklinkerte Fußwege - der Wandertag fand hier täglich statt, was für die Lehrer den Vorteil hatte, daß wir abends erschöpft und klaglos in die Betten fielen. Die eigentliche Klassenreise, das ganz große Ding sozusagen, sollte jedoch kurz vor dem Abitur stattfinden; an dem humanistischen Gymnasium, das ich absolvierte, war es nämlich Tradition, daß die 13. Klassen wechselweise nach Rom und Athen fuhren, um dort vor Ort zu bestaunen, wovon man im Latein- und Griechischunterricht jahrelang hatte raunen hören. Aber diese im doppelten Sinn „klassische" Bildungsreise blieb uns versagt; denn in den unruhigen Jahren um 1970 weigerten sich die zuständigen Lehrer, für die aufmüpfigen Schüler Verantwortung zu übernehmen, waren wir doch dem antiautoritären Zeitgeist verfallen, ohne uns freilich recht darüber im Klaren zu sein, was „antiautoritär" eigentlich zu bedeuten hatte. Ein schöner Zufall fügte es, daß ich zwanzig Jahre später doch noch eine leise Ahnung davon bekam, was diese schulische Bildungsreise ins klassische Alterum bedeutet hätte. Als ich nämlich als Stipendiat der Villa Massimo 1991 ein Jahr in Rom verbrachte und eines Tages in einem Café an der Piazza Navona saß, fiel mir eine Gruppe deutscher Jugendlicher auf, die sich um den Bernini-Brunnen in der Platzmitte scharrte. Eine Schulklasse, soviel war klar, auf genau der Bildungsreise, die an mir vorübergegangen war. Und der ältere Herr, der mit weit ausladenden Handbewegungen über Brunnen und Kirchen hinweggestikulierte, hätte mein alter Lateinlehrer sein können. Ich blickte genauer hin. Er war es! Der Zeitgeist hatte sich gewendet; man fuhr wieder nach Rom oder Athen. Das Wiedersehen war, man kann es sich vorstellen, ebenso verblüfft wie herzlich, und kurz darauf fand ich mich in der Rolle eines Fremdenführers wieder, der eine Klasse seiner ehemaligen Schule und seinen alten Lateinlehrer durch Roms Innenstadt geleitete. Dabei fiel mir auf, daß so mancher Schüler sich weniger für die starre Schönheit antiker oder barocker Architektur interessierte als viel mehr für die lebendigen Schönheiten römischer Weiblichkeit, die durch die Gassen wogte.

Als ich siebzehn wurde, erlaubten meine Eltern, daß ich in den Ferien auf eigene Faust loszog. Und zusammen mit einem Freund fuhr ich nun jeden Sommer nach Skandinavien, Dänemark und Schweden vor allem; wir fuhren per Anhalter - wir trampten, wie der damalige Terminus für diese Reiseform auf Kosten großzügiger Autobesitzer lautete. So standen wir also bei Regen und Wind, Sonne und Hitze, mit erhobenen Daumen am Straßenrand, neben uns die Rucksäcke mit den aufgeschnürten Schlafsäcken und vor allem unsere Gitarren, denn mein Freund und ich waren seinerzeit ein durchaus passabel eingespieltes Duo mit einem Repertoire, das von Bob Dylan zu den Beatles und von Leonard Cohen zu Simon and Garfunkel reichte. Wir standen und warteten, manchmal länger, manchmal kürzer, und irgendwann hielt dann ein Wagen, der uns dem Norden näherbrachte. Am liebsten waren uns Lastzüge, weil sie erfahrungsgemäß weite Strecken bedeuteten, auch wenn wir einmal nach einer 10-Stunden-Tour in einem Fischtransporter wie ein Makrelenschwarm stanken. Es gab aber auch den Missionar der Zeugen Jehovas, der uns stundenlang davon zu überzeugen versuchte, daß der Weltuntergang unmittelbar bevorstehe und wir gut daran täten, augenblicklich seiner Glaubensgemeinschaft beizutreten; es gab den schwulen Handelsvertreter, der gezielt den Schaltknüppel mit meinem Knie zu verwechseln wußte, und es gab den besorgten

Vater zweier halbwüchsiger Mädchen, der auf diese Weise herausbekommen wollte, was für Typen es waren, die seinen Töchtern nachliefen; die Mädchen selber nahmen uns leider nie mit - ihnen fehlte, wie uns, noch das eigene Auto. Nach Skandinavien fuhren wir übrigens aus zwei Gründen: Erstens gab es die Legende von den blonden Mädchen, für die wir angeblich eine Art Südländer waren, temperamentvoll und heißblütig, und die nur darauf warteten, uns in den Schoß zu fallen beziehungsweise uns in ihren fallen zu lassen. Irgendwie stimmte das sogar, aber unsere einschlägigen Erfolge hatten wohl eher damit zu tun, daß wir permanent brünstig waren, wie geile Kater bei Vollmond. Und der zweite Grund war der, daß man in den Städten Dänemarks und Schwedens Straßenmusik machen konnte, ohne gleich von aufgebrachten Ladenbesitzern oder Polizisten vertrieben zu werden. Mit den Einnahmen dieser Open Air-Konzerte im Kleinstformat konnten wir dann unseren Aufenthalt finanzieren. Beide Gründe hingen insofern miteinander zusammen, als wir bei unseren Auftritten in Fußgängerzonen, in Parks und auf ruhigen Plätzen, immer reichlich Zulauf von weiblichen Bewunderern hatten, was wir durchaus auszunutzen wußten. Und bei Ferienende standen wir dann wieder an der Straße Richtung Süden, Daumen im Wind, und warteten und warteten; auf den Fischlaster, den Zeugen Jehovas, den schwulen Handelsvertreter. Heute waren wir „on the road again“, und morgen würden wir wieder die Schulbank drücken.

„Wo wollt ihr denn mit dieser Kasper-Bude hin?“ fragte der KFZ-Meister in einer Mischung aus Mitleid und Verachtung, als wir dem uralten VW-Bus entstiegen, dessen großflächige Rostflecken wir mit psychedelischen Ornamenten überpinselt hatten. Und als wir zur Antwort gaben: „Griechenland“, da schüttelte er resigniert mit dem Kopf, wechselte die defekten Stoßdämpfer aus und wünschte uns viel Glück. Wir hatten übrigens Glück, denn das betagte Gefährt brachte uns pannenfrei hin und zurück. Wir - das war eine Hälfte der Wohngemeinschaft, in der ich während meines Studiums in Hamburg lebte; wir - das war die hedonistische Fraktion, die Castaneda las, Pink Floyd hörte und mittels Haschisch und LSD ausgedehnte Reisen in die wogigen Regionen der inneren Kontinente unternahmen, während die andere Hälfte der Wohngemeinschaft aus der politischen Fraktion bestand, die Marx las, Süverkrüp hörte und Rotwein trank und es selbstverständlich empörend bis faschistoid fand, daß wir während der Semesterferien ausgerechnet ins Griechenland der CIA-gestützten Obristen wollten. Wir fuhren trotzdem, überstanden Grenzkontrollen und nach Haschisch schnüffelnde Cockerspaniel, überstanden zwei Reifenwechsel und in wechselnden Fahrerschichten die Schrecken des jugoslawischen Autoput. Kurz hinter der griechischen Grenze ging nach einer kaum enden wollenden Nachtfahrt die Sonne auf, und diesen Sonnenaufgang habe ich als eine Umarmung durch Licht und Wärme in Erinnerung, die so intensiv war, als hätte ich nie zuvor in meinem Leben die Sonne aufgehen sehen. Wir fuhren nach Athen und schifften uns auf die Fähre nach Kreta ein. Als Kind der Nordseeküste war ich auch früher schon oft mit Fähren und Schiffen gefahren, aber diesmal war es anders. Das mediterrane Getümmel am Kai von Piräus, die Mischung aus Schlampigkeit und Improvisationskunst, das fremdartige Stimmengewirr, die Gerüche nach Salz und Harz und Dieselöl, die ungeheure Sonne über dem ungeheuer tiefblauen Meer - alles das zerfloß in mir zu einer Wahrnehmung von Zeitlosigkeit, zur Erfahrung, daß das simple, tagtäglich sich wiederholende Ablegen eines Schiffes eine der archaischsten Momente allen

Reisens darstellt. Dies Ablegen und In-See-Stechen, als der plumpe Rumpf aus dem Hafen manövriert und schließlich in seinem Element zu einer beinah schwebenden Anmut fand, diese Passage von Piräus nach Hiraklion, im Schlafsack auf den Decksplanken, den Blick in die sternklare Nacht, schließlich die Annäherung an die Insel im Zwielicht des - wie ich mich aus dem Griechischunterricht erinnerte - rosenfingrigen Morgens: Es war d i e Reise schlechthin, der langsame, sehr bewußt wahrgenomme Eintritt in eine fremde Welt, eine Erweiterung meiner Wahrnehmung, wie sie keine Drogen, aber auch kein Studium mir je würden bieten können.

Nach einer solchen Erfahrung war es wahrscheinlich kein Zufall, daß mich einige Jahre später meine erste Flugreise gleichfalls nach Kreta führte. Und es war wohl auch kein Zufall, daß diese Reise mich enttäuschte. Die Insel hatte sich verändert; wo damals schläfrige Fischerdörfer noch nicht einmal als Geheimtip gehandelt worden waren, standen Hotels für Pauschaltouristen; in ehemaligen Cafés, in denen alte Männer Bouzouki gespielt hatten, tobte der Discowahn. Bei diesem Anblick schwor ich mir, nie eine Pauschalreise zu buchen, und diesen Schwur habe ich bis auf den heutigen Tag nicht gebrochen. Manche meiner Freunde und Bekannten schwören umgekehrt auf die Pauschalreise als das Non-plus-ultra streßfreien, familiengerechten Urlaubs; alle Unannehmlichkeiten würden einem abgenommen, kein Kopfzerbrechen über die richtigen Transfers, keine Zimmersuche vor Ort, mithin besonders für Familien mit Kindern ideal - und das ganze nicht selten preiswerter als ein separat gebuchter Flug. Diese Argumente sind nicht von der Hand zu weisen, und ich bin einige Male in Versuchung geraten, für meine Familie einen Pauschalurlaub zu buchen; aber dann mußte ich immer an Aghia Galini denken, jenes

Nest an der kretischen Südküste, das in weniger als zehn Jahren durch Prinz Neckermann, der's möglich machte, so gründlich aus seinem Dornröschenschlaf geküßt wurde, daß es zu einer deutschsprachigen Amüsiermeile am Strand verkam.

Meiner ersten Flugreise sind inzwischen viele weitere gefolgt; meine Frau und ich, selbst meine Kinder, sind zu sogenannten Vielfliegern geworden, die fleißig Bonusmeilen auf ihren Miles and More Karten sammeln. Aber von Reisen im eigentlichen Sinn kann man da nicht mehr sprechen - wie man ja konsequenterweise eigentlich auch nicht mehr von Flugreisen spricht, sondern schlicht und sachlich von Flügen. Es sind Menschentransporte von hier nach dort, von Terminal Zwo, Flugsteig Elf nach Terminal One, Gate Seven - die wirklichen Reisen beginnen erst, wenn man die immergleiche, mechanisierte Prozedur hinter sich hat: Diese nach Schweiß, lauwarmem Kaffee und Plastik riechende Melange aus Bordkarten, Kontrollen, Monitorgeflimmer, klappernden Anzeigetafeln, Duty Free Zigaretten, Lautsprecherdurchsagen, zu engen Sitzen mit zu wenig Beinfreiheit, lausigem Essen, drittklassigen Filmen und gelegentlichen Turbulenzen, die daran erinnern, daß auch Luft keine Balken hat.

Und dennoch gibt es Anblicke, die mich auf jedem Flug faszinieren, als sähe ich sie zum ersten Mal. Ich meine die Wolkenformationen, die tief unter dem transparenten Blau unserer heutigen Reiseflughöhe stehen. Wenn man bei Start und Landung in sie hineinfliegt, verlieren sie ihre Form, lösen sich auf zu grauer Nebelsuppe. So gleichen Wolken also unseren Erinnerungen - schöne Gestalt zeigen sie nur aus der Entfernung.

NACH- UND HINWEISE

Erste Lieben & andere Peinlichkeiten gehören ins Umfeld eines autobiographischen Textes, an dem ich seit längerer Zeit arbeite und der vermutlich umfangreich werden wird (wenn er denn überhaupt je wird).

Ein weiterer Seitentrieb dieses geplanten Erinnerungsbuchs ist 1996 unter dem Titel *Behelf, Ersatz und Prickelpit. Oldenburger Kindheit in den 50er Jahren* bei Isensee in Oldenburg erschienen; dieses Büchlein ging aus einem Vortrag hervor, den ich am 16. 3. 1996 anläßlich der 40. Jahresversammlung der Oldenburgischen Landschaft in Wilhelmshaven gehalten habe. Aufmerksamen Lesern beider Texte, also allen, werden gewisse Überschneidungen nicht entgangen sein.

*

Ins Blaue & anderswo hin gehört gleichfalls in diesen Zusammenhang autobiographischer Bruchstücke - im Augenblick noch eine ziemliche Trümmerlandschaft, die ich irgendwann etwas klarer zu überschauen hoffe. Diese Erinnerungen an diverse Reisen seit meiner Kindheit basieren jedenfalls auf einem Rundfunk-Feature, das im Frühjahr 1997 vom Hessischen Rundfunk angeregt und gesendet wurde (Dank an Dr. Peter Kemper). Die Leser, die den Wangerooge-Abschnitt schon kennen, bitte ich um Nachsicht - andererseits wird's vielleicht „auch immer wieder gern genommen“.

*

Ein weißes Album erschien zuerst in der von Günther Butkus edierten Anthologie *Die Beatles und ich* (Pendragon Verlag, Bielefeld 1995). Die beliebte Leserfrage an den Autor: „Alles selbst erlebt?“ darf ich hier mit einem klaren Jein beantworten. Ich habe alles selbst geschrieben und insofern am Schreibtisch auch selbst erlebt; andererseits handelt es sich beispielsweise bei dem goldenen Wertgegenstand, den ich seinerzeit fürs *Weiße Album* versilberte (aber nicht im Pfandhaus; gibt es überhaupt eins in Oldenburg?), durchaus nicht um Manschettenknöpfe, sondern um ... Nein, ich verrate es nicht!

Die im ziemlich autobiographischen *PS* dieser Geschichte geäußerte, durch einschlägige Zeitungsenten immer wieder angefeuerte Hoffnung, die Beatles könnten noch einmal gemeinsam eine neue Platte einspielen, hat sich nach den drei reichlich überflüssigen *Anthologie* Doppel-CDs wohl restlos erledigt; und das ist am Ende auch besser so (denn *Free as a Bird* klingt ja nun wirklich so, als hätte jemand John Lennons Anrufbeantworter mitgeschnitten). Inzwischen glaubt, glaube ich, nicht einmal meine Frau mehr an diese viel und gern beschworene „Reunion“.

*

Am Parktor stammt aus meinem Erzählungsband *Privatvorstellung*, der 1989 in der Hamburger Edition Nautilus und 1991 als rororo Taschenbuch erschien, inzwischen aber in beiden Ausgaben restlos vergriffen ist.

In meiner Familie hält sich hartnäckig das Gerücht, das schmiedeeiserne Tor zum Schloßgarten an der Gartenstraße, das hier in der Tat gemeint ist, sei von einem meiner Ur- oder Ururgroßväter angefertigt worden. Die Idee zu der Geschichte kam mir aber nicht wegen dieser familiären Oldenburgensie, sondern in Memoriam einer Kneipe mit dem albernen Namen *Gretna Green* (auch kurz: *Gretna*), die sich früher neben der Diskothek *Montparnasse* (kurz: *Monty*) an der Ecke Baumgartenstraße/Lange Straße befand - und Gretna Green war oder ist eben auch ein sogenanntes Heiratsparadies in Schottland. *Montparnasse* und *Gretna* bildeten übrigens Ende der 60er Jahre eine Art Doppelpack der damaligen, nun ja: Szene.

Die AOSV-Festivals fanden in den 60er Jahren in der Weser-Ems-Halle statt (grauenhafte Akustik!), wo frühe, aber nicht nur regionale Heroen der Beat-Ära wie Screaming Lord Sutch (mit Hackebeil aus Pappe im Kopf, darin dem legendären Oldenburger Original „ha-ha-ham Se schon die neuste BILD?" verwandt), The Liverbirds („die weiblichen Beatles") oder The Monks (mit Tonsuren und Kutten) auftraten. Wofür das Kürzel AOSV stand, weiß ich nicht mehr. Ich glaube, es hatte irgendetwas mit der Schülermitverwaltung (SMV) der Oldenburger Gymnasien zu tun.

*

Beförderungen ist eine der ersten Geschichten, die ich überhaupt geschrieben habe; ich fürchte, man merkt es ihr an. Sie entstand um 1980, beginnt in Oldenburg, endet jedoch in Hamburg, wohin ich 1971 zum Studium ging und wo ich bis 1987 gelebt habe, zeitweise, jawohl, als Werbetexter. Die Story hat inzwischen diverse Publikationen hinter sich und fand sich zuletzt gleichfalls in meiner oben erwähnten Geschichtensammlung *Privatvorstellung*.

Das *Velo Solex* war eine Art Mofa und gehörte zum Oldenburger Gymnasiasten wie der sogenannte Schülermantel, ein dunkelblauer Dufflecoat, der, wie auch die zu engen Blue Jeans, Marke *Levi's*, bei *Dobrat* in der

Heiligengeiststraße gekauft werden mußte. Ich selbst hatte weder ein *Velo Solex* noch trug ich einen Schülermantel. Wieso eigentlich nicht?

*

Die Urkunde erschien 1987 in der von Bernhard Lassahn und mir gemeinsam herausgegebenen Anthologie *Man müßte nochmal 20 sein* in der (inzwischen eingestellten) rororo-Reihe Panther.

Die Mitglieder der Handballmannschaft des Alten Gymnasiums Oldenburg, aber auch einige Herren des Lehrkörpers, die damals dabei (bzw. eben *nicht* dabei) gewesen sind, werden nach Lektüre vermutlich ein noch unklareres Bild über das komplizierte Verhältnis von Dichtung und Wahrheit haben. In der ursprünglichen Fassung dieser Geschichte hatte ich das Alte Gymnasium als „Karl-Jaspers-Gymnasium" fiktionalisiert, was jedoch im Kontext eines Bands wie diesem mit Oldenburger Geschichten wenig Sinn macht (es würde allerdings sehr wohl Sinn machen, das Alte Gymnasium endlich in Karl-Jaspers-Gymnasium umzubenennen). Grundsätzlich habe ich in allen hier abgedruckten Geschichten einige lokale Fiktionalisierungen wieder auf ihre oldenburgischen Ursprünge zurückgeführt.

Meine Schulzeit habe ich im Übrigen literarisch noch kaum „bewältigt" (auch sonst offenbar nur halbwegs - träume ich doch gelegentlich noch Schulträume), und ich nehme deshalb an, daß in dem geplanten, autobiographischen Buch auch allerlei Denk- und Merkwürdigkeiten zur Sprache kommen müssen, die mir seinerzeit am Alten Gymnasium widerfahren sind.

*

Solveigs Tagebuch ist eine Erstveröffentlichung; die streng nicht-autobiographische Geschichte entstand 1992. Die Idee kam mir, noch unter dem Eindruck einer Erzählung Arthur Schnitzlers, die ich zuvor gelesen hatte, während eines Kinobesuchs im *Casablanca* am Oldenburger Pferdemarkt - Rossmann sei Dank! An den Film kann ich mich aber merkwürdigerweise nicht mehr erinnern.

*

Kalte Nudeln erschien 1992 in der Anthologie *Von Nudeln & Menschen* (hg. v. Julia Bachstein), Frankfurter Verlagsanstalt. Mir selbst gefiel diese Geschichte immer besonders gut - wahrscheinlich deshalb, weil ich außer dem Stichwort „Nudeln" keine Ahnung hatte, worauf die Story hinauslaufen sollte, als ich sie zu schreiben begann. Und irgendwie läuft sie ja auch auf gar nichts hinaus, weshalb sie mir heute eigentlich noch besser gefällt.

*

Die Toten vom Watt war ursprünglich als Hörspiel konzipiert, entwickelte sich dann aber doch, ich weiß nicht, warum, zur Erzählung und erschien erstmals 1995 im *Mitteilungsblatt der Oldenburgischen Landschaft* (Dank an Hans Friedl, der auch *Behelf, Ersatz & Prickelpit* anregte) mit schönen Illustrationen Hein Bredendieks, der am Alten Gymnasium mein Kunstlehrer war. 1996 wurde die Geschichte, die natürlich auch eine Art Verbeugung vor Theodor Storm ist, wieder abgedruckt in der Anthologie *Von Vorspuk, Wiedergängern und Meerweibern* (Verlag Schuster, Leer).

*

Der Manschettenknopf wird an dieser Stelle erstmals veröffentlicht, obwohl das im Grunde nicht so ganz stimmt. Die Geschichte, die ihrerseits auf ein Motiv Robert Louis Stevensons zurückgreift (wer weiß, auf welches, dem spendiere ich eine Flasche Champagner), entpuppte sich nämlich als Keimzelle meines kleinen Romans *Das Kliff* (Schöffling & Co., Ffm 1995). Als ich die Story geschrieben hatte, war ich der Meinung, daß sie ausbaufähig sei. Warum allerdings *Der Manschettenknopf* in Oldenburg spielt, *Das Kliff* jedoch an der Ostseeküste, weiß ich selber nicht mehr so genau; wahrscheinlich wollte ich autobiographischen Interpretationen einen Riegel vorschieben. Ob es Beziehungen zwischen diesem Manschettenknopf und den goldenen Manschettenknöpfen aus *Ein Weißes Album* gibt, mag meinetwegen die Germanistik herausfinden ...

K.M.

BIO-BIBLIOGRAPHISCHE NOTIZ:

Klaus Modick wurde 1951 in Oldenburg geboren; 1971 legte er hier am Alten Gymnasium das Abitur ab und ging nach Hamburg zum Studium, das er 1980 mit einer Promotion in Literaturwissenschaft abschloß. Er arbeitete als Werbetexter und Lehrbeauftragter der Universität Hamburg. 1987 übersiedelte er in die Gemeinde Wiefelstede, wo er heute als als freier Schriftsteller, Literaturkritiker und Übersetzer lebt. Er ist Mitglied des PEN und als Gastprofessor an in- und ausländischen Universitäten tätig, vor allem in den USA. Für sein literarisches Schaffen erhielt er mehrere Preise und Auszeichnungen. Einige seiner Bücher sind in mehrere Sprachen übersetzt.

Wichtigste Werke:
Moos (1984), Ins Blaue (1985), Das Grau der Karolinen (1986), Weg war weg (1988), Das Stellen der Schrift (1988) Die Schrift vom Speicher (1991), Der Schatten den die Hand wirft (1991), Das Licht in den Steinen (1992), Der Flügel (1994), Das Kliff (1995), Der Mann im Mast (1997).